Susanne Falke | Sabine Stein

Ein (Pflege-)Kind mit FASD – und glücklich!

Zusammenleben mit Kindern und Jugendlichen mit Fetalem Alkoholsyndrom
Leitfaden für Betroffene, Angehörige und Fachleute

Ein pädagogisch-therapeutischer Wegweiser

Die Autorinnen und ihre Motivation:

Susanne Falke, Erzieherin, Heilpädagogin und Marte-Meo-Therapeutin. Das Thema FASD begleitet Susanne Falke seit der Aufnahme ihrer Erziehungsstellentochter in ihre Familie vor 22 Jahren. Im 12. Lebensjahr ihrer Tochter wurde die Diagnose FAS gestellt. Die Diagnose bestätigte bestehende Vermutungen und bestärkte Susanne Falke darin, ihre Tochter anders zu betreuen, zu unterstützen und zu begleiten, als man es normalerweise mit Jugendlichen in diesem Alter tun würde. Ihre pädagogische Sichtweise und Elemente aus der Heilpädagogik haben ihr geholfen, trotz aller Schwierigkeiten eine gute Beziehung zu ihrer Tochter zu leben.
Susanne Falke ist Mitbegründerin des EBR Fachzentrums für Pflegekinder mit FASD in Köln und arbeitet dort als Erziehungsstellenberaterin, pädagogische Fachberaterin und Referentin.

Sabine Stein, Ergotherapeutin und Marte-Meo-Therapeutin. Die Entscheidung, ihr Familienglück mit einem Kind zu teilen, das in seinem Leben nicht so viel Glück hatte, brachte Sabine Stein erstmals vor über zehn Jahren in Kontakt mit dem Thema FASD. Es zog sozusagen mit ihrem Erziehungsstellenkind in ihre Familie ein. Ihre ganz persönlichen Erfahrungen, ihre Einstellung zum Leben und ihr Beruf haben sie dazu gebracht, das Thema FASD pädagogisch-therapeutisch anzugehen. Sabine Stein arbeitet als (Erziehungsstellen-)Mutter, als Mitarbeiterin des FASD-Fachzentrums und als Referentin in Köln.

Susanne Falke und Sabine Stein leiten und gestalten trägerübergreifende Arbeitskreise FASD für Pflege- und Adoptiveltern und entwickeln pädagogisch-therapeutische Handlungskonzepte bei FASD. Daraus entstehen auf FASD speziell abgestimmte Projekte, Beratung und Angebote.

Susanne Falke | Sabine Stein

Ein (Pflege-)Kind mit FASD – und glücklich!

Zusammenleben mit Kindern und Jugendlichen
mit Fetalem Alkoholsyndrom

Leitfaden für Betroffene, Angehörige und Fachleute

Ein pädagogisch-therapeutischer Wegweiser

Schulz-Kirchner Verlag

Bibliografische Information der Deutschen Nationalbibliothek
Die Deutsche Nationalbibliothek verzeichnet diese Publikation in der Deutschen Nationalbibliografie; detaillierte bibliografische Daten sind im Internet über http://dnb.d-nb.de abrufbar.

3., geringfügig überarbeitete Auflage 2021
2., überarbeitete Auflage 2018
1. Auflage 2017
ISBN 978-3-8248-1216-5
eISBN 978-3-8248-9996-8

Mollweg 2, D-65510 Idstein
Vertretungsberechtigte Geschäftsführer:
Dr. Ullrich Schulz-Kirchner, Martina Schulz-Kirchner
Lektorat: Doris Zimmermann
Layout: Susanne Koch
Umschlagfoto: candy1812 – fotolia.com
Icon Hände: Gregor Cresnar – www.flaticon.com
Icons Feuerlöscher und Fernglas: https://icons8.com
Druck und Bindung:
Plump Druck & Medien, Rolandsecker Weg 33, 53619 Rheinbreitbach
Printed in Germany

Inhalt

Vorwort

Die fetale Alkoholspektrumstörung, kurz FASD genannt, mit ihren vielen Facetten beschäftigt mich seit Jahren. In unterschiedlichen Zusammenhängen stationärer und ambulanter Arbeitsfelder der Jugend- und Eingliederungshilfe bin ich mit betroffenen Kindern, Jugendlichen und Erwachsenen und den Familien sowie anderen sozialen Gruppen, in denen die Betroffenen leben oder sich ‚bewegen', in Kontakt gekommen. Der erste ‚bewusste' Kontakt erfolgte 2004 durch ein Mädchen, das meine Frau und ich in unserer familienanalogen Wohngruppe aufgenommen haben. Bereits damals hätten wir uns einen Wegweiser gewünscht – eine Anleitung, die uns Wege im Leben mit einem von FASD betroffenen Menschen aufgezeigt hätte. Mit dem Buch *‚Ein (Pflege-)Kind mit FASD – und glücklich!'* haben Susanne Falke und Sabine Stein diesen Wunsch beeindruckend umgesetzt.
‚... und glücklich' – das ist gar nicht immer so leicht – zumindest solange wir Menschen mit FASD nicht richtig verstehen, solange wir deren Kommunikation so erleben, wie wir Kommunikation üblicherweise kennen, erleben und deuten. Wir als begleitende Menschen sind gefordert, unsere Haltung zu ändern. Paul Watzlawicks erstes Axiom: *‚Man kann nicht nicht kommunizieren – jedes Verhalten ist Kommunikation'* müssen wir im Alltag mit Menschen mit FASD anwenden bzw. ernst nehmen. Das Buch der beiden Autorinnen bietet viele alltagspraktische Beispiele, wie Verhaltensweisen von Menschen mit FASD auch anders verstanden werden können bzw. sollten. Unsere veränderte Haltung ist der Einstieg in ein gelingendes gemeinsames Leben. Aus meiner Erfahrung eine ausgesprochen gute Voraussetzung für ein glückliches Leben.
Weiterer ‚Glücksförderer' ist der Blick auf die Stärken – sowohl die der Kinder als auch die eigenen. Ausnahmslos jeder Mensch hat individuelle Stärken. Diese gilt es im Alltag zu erkennen, zu fördern und die Faszination darin zu erleben. Die anstrengenden Situationen fordern häufig täglich unsere Aufmerksamkeit. Eine Haltungs- und Perspektivänderung ermöglicht es uns, die FASzinierenDen Zeiten im gemeinsamen Leben wahrzunehmen und wertzuschätzen. Susanne Falke und Sabine Stein zeigen in ihrem Buch viele Möglichkeiten auf, wie der Blick auf die Stärken und die Dinge, die uns stark machen, gelingen kann – eben eine Anleitung zum Glücklichsein!
Viel Spaß bei der Lektüre.

Ralf Neier

Dipl. Sozialarbeiter, Lösungs- und Ressourcenorientierter Therapeut, Teamleitung FASD Wohngruppe, Berater FASD Beratungsstelle, FASD Referent (Vorträge, Coachings, Konzeptentwicklung), Autor

Durch die Diagnose FASD hat sich in unserer Familie vieles verändert, besonders die Einstellung zu meiner Schwester in Bezug auf ihre Schwierigkeiten in manchen Bereichen.

Mit ihren Problemen eckt sie immer überall an. Ihr Verhalten wird oft fehlinterpretiert und als unerzogen und böswillig verstanden.

Doch ist sie der liebenswerteste Mensch, den ich kenne, und ich bewundere ihre Kraft, immer wieder von Neuem anzufangen und trotzdem sich selbst und andere nie aufzugeben.

(Ausschnitt aus einer Facharbeit zum Thema FASD 2013
einer 16-jährigen leiblichen Tochter einer Erziehungsstelle)

Danksagung

Von Herzen dankbar sind wir, dass wir unsere Erziehungsstellenkinder kennenlernen durften, sie lieben und begleiten können und durch sie einen ganz anderen Blick auf die Welt geschenkt bekommen haben.
Wir danken unseren Familien, die uns täglich mit großer Liebe, Geduld, Rücksicht und Verständnis unterstützen.
Die vielen Menschen, die wir im beruflichen Kontext und privat im Zusammenhang mit FASD treffen dürfen, die voller Energie und Ideen, mit Mut und riesigem Engagement mit der Behinderung FASD leben und die Bedingungen hierfür verbessern möchten, sind uns wertvoll!
Wir bedanken uns für berührende, vertrauensvolle Gespräche, Inspiration und Motivation bei allen Pflege- und Adoptivfamilien, Fachleuten und Wegbegleitern.
Wir danken für die bereichernde Zusammenarbeit mit den Mitarbeitern des EBR-Fachzentrums für Pflegekinder mit FASD in Köln, die Unterstützung des Erziehungsbüros Rheinland, insbesondere Herrn Bodo Krimm, Frau Angela Schmitz-Langenbrink für das Lesen und Bearbeiten unserer Texte, Herrn Neier für das Vorwort sowie dem Schulz-Kirchner Verlag.

Alkohol in der Schwangerschaft

Wenn ein Fötus während der Schwangerschaft dem Alkohol ausgesetzt ist, den die Mutter konsumiert, wird er mit hoher Wahrscheinlichkeit durch diesen nachhaltig und in vielfältiger Weise geschädigt. Diese angeborene Alkoholschädigung ist oft äußerlich nicht zu sehen, in ihrer Ausprägung sehr individuell und daher schwer zu diagnostizieren

Die Erkrankung wird Fetales Alkoholsyndrom/Fetal Alcohol Spectrum Disorder, kurz FASD genannt. Es gibt verschiedene Diagnosen für die alkoholbedingten Schädigungen, dazu gehören ebenfalls die Erkrankungen mit den Bezeichnungen:

- FAS-Vollbild mit allen äußerlichen Merkmalen
- pFAS (partielles Fetales Alkoholsyndrom) und
- Alkoholbedingte neurologische Entwicklungsstörungen (ARND – Alcohol Related Neurodevelopmental Disorders)

Bei allen Formen ist das Frontalhirn betroffen, was zu einer realen Behinderung führt, die weder durch Liebe, eine sichere Bindung, eine besondere Pädagogik noch durch Therapien rückgängig zu machen ist.

Wir verwenden im Folgenden den Begriff „FASD“ stellvertretend für alle möglichen Ausprägungen dieser Erkrankung.

Die größten Probleme bei FASD zeigen sich zumeist in der Bewältigung des Alltags. Da die exekutiven Funktionen des Gehirns betroffen sind, treten vielfältige Störungen in den verschiedenen Wahrnehmungsbereichen auf. Das alltägliche soziale Leben ist für die betroffenen Menschen eine Herausforderung, ebenso für diejenigen, die sie begleiten und mit ihnen leben.
Für alle betroffenen Personen ist es grundlegend wichtig, diese Behinderung als Behinderung zu akzeptieren! Der damit verbundene Trauer- und Bewältigungsprozess muss verständnisvoll begleitet durchlebt werden dürfen. Einen Menschen mit FASD kann man, ebenso wie einen Menschen mit angeborenem Down-Syndrom, zwar liebevoll begleiten, fördern und unterstützen, jedoch kann man seine erworbene Besonderheit weder beheben noch seine Behinderung rückgängig machen.

In beiden Fällen ist es für Eltern, Pflege- und Adoptiveltern wichtig, die sozio-emotionale Behinderung anzunehmen und das Beste für die betroffenen Menschen daraus zu machen.

Körperliche und neurologische Probleme

Menschen mit FASD haben oft körperliche und neurologische Probleme, und zwar aufgrund von Wachstumsstörungen, fazialen Stigmata, Herzfehlern und vielen anderen organischen Fehlbildungen, die ebenfalls Folge der vorgeburtlichen Schädigung durch den Alkohol sind. Genauso entstehen häufig körperliche Probleme durch vermindertes Schmerzempfinden, durch Selbstverletzung und Waghalsigkeit, einen gestörten Tag- und Nachtrhythmus sowie durch Fehl- bzw. Mangelernährung.

Die häufigsten körperlichen und neurologischen Probleme sind:

- Dysmorphiezeichen (Auftreten spezifischer Gesichtsmerkmale, Organmissbildungen, z. B. Herzfehler)
- Fehlbildungen und Anomalien
- Wachstumsstörungen und Mikrozephalie (Minderentwicklung des Gehirns und zu kleiner Kopfumfang), Minderwuchs, Untergewicht
- Dysfunktionen des zentralen Nervensystems (ZNS)
- Wahrnehmungsstörungen

Durch diese körperlichen und neurologischen Probleme kommt es zu verschiedensten Schwierigkeiten im Alltag, denen wir zusammen mit dem Kind begegnen müssen.
Existenzielle Alltagsbereiche wie Essen, Schlafen, Lernen und Bewegung sind in vielen Fällen mehr oder weniger stark betroffen. Probleme in diesen Bereichen kommen dann noch zu dem auffälligen Verhalten, das durch die gestörten Exekutivfunktionen verursacht wird, hinzu.

Hier eine **Übersicht** über die durch körperliche oder neurologische Schädigungen verursachten **häufigsten Alltagsthemen/-probleme**:

Essen

- Untergewicht, Appetitlosigkeit
- Essen ohne Maß
- Übergewicht (meist bei jungen Erwachsenen)

Bewegung

- Hyperaktivität, motorische Unruhe
- Waghalsigkeit, gemindertes Gefahrenbewusstsein
- ständige Unfälle, Brüche, Verletzungen
- Hyperexzitabilität (Übererregbarkeit des zentralen Nervensystems)
- beeinträchtigte motorische Grundfähigkeiten (Kraft, Ausdauer, Schnelligkeit, Beweglichkeit und Koordination)

Emotionen

- Aggressivität, Destruktivität (Zerstörwut)
- Impulskontrollstörung, Temperamentsausbrüche
- emotionale Instabilität, schneller Wechsel der Stimmungen und der Gefühlsäußerungen
- niedrige Frustrationstoleranz
- auffälliges Sozialverhalten
- Verhaltensauffälligkeiten

Schlafen

- abends nicht einschlafen können, morgens nicht wach werden
- Durchschlafprobleme
- ständige Müdigkeit, schnelle Ermüdung

Lernen

- überdurchschnittlich lange Reaktionszeiten
- Störung der Merkfähigkeit und des Arbeitsspeichergedächtnisses
- Lernprobleme oder -schwäche, kognitive Behinderung
- Konzentrationsstörungen
- Schwierigkeiten, Zeitbegriffe, abstrakte und logische Dingen zu verstehen
- Überforderung

Körper

- Fehlbildungen von Organen: Herz, Nieren, Genitalien, Augen und Ohren; Skelettfehlbildungen: Skoliose, Beckenschiefstand, Trichterbrust, nicht richtig entwickelte Extremitäten, Finger, Zehen, Spitzhacke, Gaumen-Kiefernspalte
- Funktionsstörungen von Organen
- Schmerzen in Knochen und Gelenken
- Zahnfehlstellungen, fehlende Zähne, zu viele Zähne
- häufige Erkältungen
- schlechte Verträglichkeit verschiedener Medikamente
- Muskelschwäche (Hypotonie)
- Schluckstörungen
- Hör- und Sprechstörungen
- Krampfanfälle, Epilepsie

Wie bereits beschrieben, ist die Erziehung, Betreuung und Begleitung eines Menschen mit FASD sehr anspruchsvoll und braucht viel Kraft. Es bedarf eines individuell auf seine Bedürfnisse (und die der ganzen Familie) abgestimmten „Schlachtplans", um ein ausgeglichenes Leben zu führen.

FASD und Auswirkungen auf das Gehirn

Schäden können in verschiedenen Hirnregionen auftreten. Da sich das ZNS und das Gehirn während der gesamten Schwangerschaft entwickeln, sind diese auch am anfälligsten für Schädigungen durch die Alkoholexposition.
Am stärksten betroffen sind:

- **Corpus callosum:** leitet Informationen von der linken Gehirnhälfte (Regeln, Logik) zur rechten (Impulse, Gefühle) und umgekehrt.
- **Hypothalamus:** kontrolliert Appetit, Emotionen, Temperatur- und Schmerzempfinden.
- **Cerebellum:** kontrolliert Koordination und Bewegung, Verhalten und Gedächtnis.
- **Basalganglien:** beeinflussen das räumliche Gedächtnis, zielgerichtetes Arbeiten, Zeitwahrnehmung und die Vorhersage von Verhaltenskonsequenzen.
- **Frontallappen:** kontrolliert Impulse und Urteilsvermögen.

(vgl. Kellermann, unter: www.fasstar.com, 2002–2003, abgerufen am 24.01.2017)

An den Funktionen, die die Hirnbereiche haben, kann man sehen, dass sich Störungen auf die Wahrnehmung und Wahrnehmungsverarbeitung in starkem Maße auswirken.

Verhaltensänderungen, bedingt durch Störungen der Exekutivfunktionen

Das Adjektiv *exekutiv* bedeutet *vollziehend, durchführend, ausübend.* Exekutivfunktionen sind Fähigkeiten, die zu einer Handlung führen und diese begleiten.
In der Neuropsychologie und der Hirnforschung bezeichnen sie die höheren kognitiven Prozesse, die das Verhalten und die Handlungen eines Menschen steuern. Alles, was für die Durchführung und Ausführung einer Handlung nötig ist – von der Motivation über die Planung und Kontrolle, über das Abschätzen der Risiken und den Abgleich mit der Realität, den Umgang mit Hindernissen bis zur Beendigung der Handlung –, wird unter diesem Terminus zusammengefasst.

Für diese komplexen, kognitiven Leistungen auf Gehirnebene ist ein intaktes Frontalhirn nötig.

Die exekutiven Funktionen sind Grundlage für eine selbstständige Lebensführung und werden normalerweise bereits ab dem Kleinkindalter erlernt und erprobt. Studien mit FASD-Betroffenen zeigen jedoch, dass 70 % dieser Menschen nicht eigenständig leben können und nur 12 % einem Beruf nachgehen.
Störungen der exekutiven Funktionen können sich auf geistiger oder der Verhaltensebene zeigen, beide Ebenen hängen zusammen und beeinflussen sich gegenseitig. So werden Fähigkeiten wie Vorausschau, Planung, Ausführung und Reflexion einer Handlung unter dem Begriff „Exekutivfunktionen“ zusammengefasst. Darüber hinaus steuern, überwachen und verändern sie auch das Verhalten.

Ist ein Mensch mit FASD behindert?

Behinderungsbegriff der UN-BRK im BGG

„§ 3 Menschen mit Behinderung
Menschen mit Behinderung im Sinne dieses Gesetzes sind Menschen, die langfristige körperliche, seelische, geistige oder Sinnesbeeinträchtigungen haben, welche sie in Wechselwirkung mit einstellungs- und umweltbedingten Barrieren an der gleichberechtigten Teilhabe an der Gesellschaft hindern können."
Behindertengleichstellungsgesetz/Bundesministerium für Familie, Senioren, Frauen und Jugend

Bei Menschen mit FASD wurde durch die schädigende Wirkung des Alkohols besonders das Gehirn des Fötus irreparabel geschädigt. Schäden können in verschiedenen Hirnregionen auftreten, zumeist ist das Frontalhirn besonders betroffen.

Hieraus ergeben sich unterschiedlichste Störungen und Einschränkungen in verschiedenen Bereichen, die es dem Menschen mit FASD schwer bis unmöglich machen, ohne Hilfe ein selbstbestimmtes und eigenständiges Leben zu führen.

Mit ihren Schwierigkeiten der Alltagsbewältigung, die dauerhaft bestehen und weder durch eine kausale Therapie noch durch spezielle Pädagogik oder durch eine besondere Beziehung wegzuerziehen und aufzuheben sind, erfüllen Menschen mit FASD den „Tatbestand" einer dauerhaften Beeinträchtigung, die sie an der sozialen Teilhabe an der Gesellschaft häufig hindert, somit ist ein Mensch mit FASD von einer Behinderung betroffen.

FASD – eine unsichtbare Behinderung

FASD ist eine Behinderung, die nur selten nach außen sichtbar ist. Dieses nach außen oft „ganz normal" Wirken kann ein Vorteil, aber auch ein großer Nachteil sein. Die Erwartungen an die Leistungen eines offensichtlich und augenscheinlich behinderten Menschen sind oft deutlich geringer als an einen Menschen ohne Behinderung.

Menschen mit FASD werden selten sofort als Menschen mit Behinderung angesehen und stehen daher permanent unter dem Druck, sich „normal“ verhalten zu müssen. Die Störungen der Wahrnehmungsleistungen, der Impulskontrolle und des Arbeitsspeichergedächtnisses werden nämlich erst in ihrem Verhalten sichtbar. So stehen sie immer wieder Anforderungen und Aufgaben gegenüber, die sie aufgrund ihrer Einschränkungen ohne Hilfe gar nicht erfüllen können.

Menschen mit FASD erscheinen manchmal auch kompetenter, als sie es tatsächlich sind. Mit ihren häufig sehr guten verbalen Fähigkeiten können sie kognitive Einschränkungen gut überdecken und so ihr Umfeld „blenden“. Sie führen große Reden, sind Partytalker – können angeblich alles und haben alles schon erlebt (vgl. Becker et al., 2015).

Nicht selten wird den Eltern von Kindern mit FASD der Vorwurf gemacht, in der Erziehung zu versagen, das Kind zu stigmatisieren oder es zu sehr zu behüten. Die „Unsichtbarkeit“ der Behinderung wird so zur zusätzlichen Belastung. Menschen mit FASD haben permanent den Druck, kognitiven und sozialen Erwartungen zu entsprechen. Sie sind schnell überfordert, diese Überforderung kann sie unter große Spannung bringen. Das kann zu Sekundärschäden wie Depressionen und Angststörungen, Suchterkrankungen und kriminellem Verhalten führen. Durch ihre gestörte Interaktionsfähigkeit stoßen sie häufig bei Gleichaltrigen auf Ablehnung, die sie oft täglich erfahren und die sie vereinsamen lässt.

Anerkennung der großen Leistung, die Menschen mit FASD täglich erbringen

Ein Mensch mit Körperbehinderung im Rollstuhl, der eigenständig eine Steigung bewältigt, hat sichtbar für sein Umfeld einen Erfolg erzielt. Seine Behinderung und das überwundene Hindernis werden gesehen, möglicherweise erhält er Lob und Anerkennung.

Auch ein Mensch mit FASD muss täglich unzählige „Steigungen“ bewältigen, um in seiner Umwelt zurechtzukommen. Die überwundenen Hindernisse sind jedoch oft unsichtbar, weil sie gesunde Menschen nicht als Hindernis empfinden. Menschen mit FASD, so wie viele andere Menschen mit Behinderung, sehen sich jeden Tag vielen Situationen gegenüber, die von ihnen bewältigt oder überwunden werden müssen. Durch die vielfältigen Einschränkungen und Störungen auf verschiedenen Ebenen und die dadurch resultierende fehlende Automatisierung von Handlungen muss ein Mensch mit FASD enorme Energie aufwenden, um diese zu bewältigen.

Jeder Mensch besitzt persönliche Leistungsvoraussetzungen und Ressourcen. Objektiv gleiche Aufgaben können individuell völlig verschieden erlebt und bewältigt werden (vgl. Scheuch & Schröder, 1990).

Ein Mensch mit FASD muss jeden Tag viele Handlungen, die normalerweise durch Erfahrungen und Lernen im Kleinkindalter bereits automatisiert werden, willentlich und bewusst tun. Dies führt zu schneller Ermüdung und bindet Kapazitäten im Gehirn, die dann nicht mehr frei sind, um andere Dinge, z. B. komplexere Tätigkeiten, zu erledigen.

Das Gehirn findet viele Wege, Störungen auszugleichen und Einschränkungen zu regulieren. Dafür wird allerdings viel Aufmerksamkeit, Konzentration und willentliche Anstrengung, also Energie, benötigt. Die „Energie-Kapazitäten“ werden unter Umständen schon für kleine Handlungsschritte aufgebraucht. So kann ein richtig gebundener Schuh oder ein kompletter Satz Kleidung, der in der richtigen Reihenfolge angezogen wurde, eine große, allein überwundene „Steigung“ bedeuten, die Lob und Anerkennung verdient.

Die Haltung der Betreuungspersonen

Grundlegend für alle pädagogischen und therapeutischen Möglichkeiten und Ideen im Umgang mit von FASD betroffenen Kindern und Jugendlichen ist unsere eigene Haltung, Einstellung und Motivation zum Kind/Jugendlichen.
Es gibt viele nicht planbare und heftige Situationen im Alltag mit einem Menschen mit FASD zu bestehen. Was wochenlang funktioniert hat, kann von einem Moment auf den nächsten wieder ganz anders sein. Konsequenz und Strenge durchzusetzen, ist oft sehr schwierig und macht auch wenig Sinn, da der Betroffene sie nicht versteht. Er reagiert häufig mit Wut, Aggression und Rückzug darauf. Er kann aufgrund seiner hirnorganischen Schädigung nicht durch gemachte Fehler und die daraus folgende Konsequenz lernen und sein Verhalten ändern.

Wir müssen also unseren Blick in der pädagogischen Haltung anders ausrichten!

Es ist wichtig, dass die Bezugspersonen kreativ und reflektierend mit einer positiven pädagogischen Grundhaltung neue Wege für sich und das Kind entwickeln. Der Lebens- und Lernerfolg des Kindes/Jugendlichen wird zwar durch seine Behinderung beeinflusst, aber durch die professionelle Begleitung seiner Bezugsperson kann es/er lernen, sein Leben mit seiner Problematik zu bewältigen. Dieses Vorgehen vermittelt Zuversicht sowie Sicherheit und ebnet den Weg in ein möglichst selbstbestimmtes Leben für das Kind bzw. den Jugendlichen.

Dafür ist es notwendig, grundsätzliches Verständnis für die Art und Weise des kindlichen Verhaltens zu entwickeln und keine altersentsprechenden Entwicklungen zu erwarten.

Die (heil-)pädagogische Haltung in der Betreuung von FASD-Kindern und Jugendlichen kann sich nur am Kind/Jugendlichen mit seinen individuellen Möglichkeiten und Grenzen orientieren: Was benötigt das Kind jetzt im Augenblick, welche Orientierung und Sicherheit kann bei der Bewältigung alltäglicher Herausforderungen helfen?
Die Betreuungsperson sollte sich ganz auf die Gefühle des Kindes/Jugendlichen einstellen und das in jeder Situation aufs Neue.

Bei adäquater, wertschätzender und feinfühliger Interaktion und Kommunikation lernen Kinder, von ihrem Standpunkt aus und von sich selbst konstruiert, enorme Mengen. Hierbei sind die jeweiligen Fähigkeiten oder Einschränkungen der Kinder unerheblich.
In einer Atmosphäre des Angenommenseins entwickelt jedes Kind eine ganz eigene, inklusive Methodik des Lernens basierend auf seinen Stärken und Interessen.
Diese Atmosphäre zu schaffen und dem Gegenüber die Möglichkeit zu geben seine eigenen Potenziale im eigenen Tempo und aus eigener Kraft zu erreichen, sollte das Ziel aller Pädagogen und Eltern sein.

- **Unbedingte Wertschätzung**

Die positive Wertschätzung unseren zu Betreuenden gegenüber ist grundlegend. Auch wenn sie bei vielen alltäglichen Dingen Schwierigkeiten haben, der Umgang mit ihnen oft anstrengend ist, gibt es viele Dinge, die sie gut können und die sie liebenswert und für ihre Umgebung bereichernd machen. So ist es erforderlich, mit den Stärken des Kindes/Jugendlichen zu arbeiten, es/ihn zu loben und seine Ressourcen in den Vordergrund zu stellen.
Wertschätzung darf nicht an Bedingungen geknüpft sein. Ein respektvoller Umgang mit Wertschätzung führt zu Selbstvertrauen und stärkt die Ressourcen. So kann ein positives Selbstwertgefühl bei dem Kind/Jugendlichen aufgebaut werden.

- **Einfühlendes Verstehen**

Sich in das Kind oder den Jugendlichen einzufühlen, ihn anzunehmen, so wie er ist, mit seinen Stärken und Schwächen ist nötig. Wir sollten versuchen, das Denken und Fühlen unserer Kinder zu verstehen, um sie zu stärken und zu unterstützen, wo sie Hilfe brauchen. Dafür muss man genau hinschauen, warum das Kind Dinge tut oder vermeidet, was es sagt oder warum es schreit. Unsere Haltung muss ganz aufmerksam und zugewandt sein, um dies erreichen zu können.
Das setzt voraus, dass wir bereit sind, uns selbst zu überdenken und zu reflektieren, eventuell vertraute Wege zu verlassen. Sich realistische Ziele zu setzen und sich auf das Wesentliche zu konzentrieren, erleichtert den Umgang mit FASD. Eigene und fremde Erwartungen und Ansprüche müssen überdacht und angepasst werden.
FASD-Betroffene zu akzeptieren und dennoch verstehen lernen, warum gerade jetzt diese Situation entgleitet bzw. wo antizipierende, vorwegnehmende Hilfe benötigt wird.

- **Authentisch sein**

Wir müssen/dürfen ganz bei uns selbst sein. Wir sollten aussprechen, wenn wir uns ärgern oder wenn wir ein Verhalten nicht verstehen oder akzeptieren können. Wir dürfen zeigen, wenn uns etwas freut, uns Dinge schwerfallen oder wir am Ende sind. Unsere Kinder spüren dies sowieso, und so wird die Botschaft klarer und die Situation leichter lösbar für alle Beteiligten.
Unser eigenes Verhalten und unsere Aussagen sollten übereinstimmen, und wir sollten sie dem Menschen mit FASD gegenüber in einer angebrachten Art und Weise äußern. Das hilft dem Kind/Jugendlichen zu lernen, eigene Gefühle, Wünsche und Bedürfnisse besser wahrzunehmen und zu verbalisieren. Für den Kinderpsychiater John Bowlby (Bindungstheorie) ist die Betreuungsperson der externe Regulator für die Gefühle des Kindes/Jugendlichen.

- **Selbstfürsorge und Freude**

„(...) Es ist wichtig, dass Eltern sich noch als Partner und Menschen mit eigenen Interessen erleben können. Nur für die Kinder da zu sein, heißt, in die Opferrolle zu geraten. Damit wachsen auch die Totalansprüche der Kinder und gerade derjenigen Kinder, die in der frühen Zeit ihres Lebens unterversorgt waren. Für sie ist es sehr förderlich, wenn sie erleben, dass ihre Bedürfnisse nicht total erfüllt werden, dafür aber täglich partiell in einem bestimmten zeitlichen Rahmen und dauerhaft, so wie es die Kraft der Eltern zulässt. Den Kindern hilft das dauerhaft Mögliche, nicht das Totale und Überfordernde. Die Eltern sollen nur das an Fürsorglichkeit geben, was sie dauerhaft und mit Kraft und Lebensfreude geben können und wollen. (....) Die eigene Freude ist somit eine wichtige Voraussetzung für die Stabilisierung der Bindung zwischen Kindern und Pflege- und Adoptiveltern."
(Bindungsentwicklung aus der Sicht pädagogischer Alltagspraxis in der Pflege-Adoptivfamilie, Prof. August Huber)

- **Liebevoll akzeptierendes Aushalten**

Unangepasstes, aggressives oder verletzendes Verhalten ist Teil des Behinderungsbildes von FASD. Es ist wichtig, dieses Verhalten nicht persönlich zu nehmen. Eine große persönliche Herausforderung besteht darin, eine solche Situation auszuhalten und vielleicht sogar noch einen Ausweg aus ihr zu finden. Durch ein Besprechen der „Entgleisung" im Nachhinein erhält der Mensch mit FASD die Möglichkeit, Verantwortung für sein Handeln zu übernehmen.

- **Positives Denken**

Das Gute zu sehen, dankbar zu sein und den Humor nicht zu verlieren, sind wichtige Eigenschaften, die Ihnen Kraft für Ihre Aufgabe geben. Freuen Sie sich über Gelungenes und nehmen Sie „unmögliche" Situationen mit Humor.
Blicken sie erwartungs- und hoffnungsvoll in die Zukunft. Diese Einstellung oder Sichtweise kann man erlernen, denn alles im Leben hat zwei Seiten, lernen Sie das Positive zu sehen.

Curling – vorausschauendes Handeln

In der olympischen Mannschaftsdisziplin Curling schiebt ein Team, bestehend aus Spieler und Skip, große Spielsteine über eine Eisfläche. Nur im abgestimmten und engen Zusammenspiel der Teamkollegen können gute Resultate erzielt werden. Die Laufbahn des eigenen Steins muss durch Wischen mit einem Besen durch den Skip so beeinflusst werden, dass gegnerische Spielsteine umspielt werden können und die Richtung und Weite des Wurfs an die Bedingungen angepasst sind.

Der Pädagoge Jesper Juul verwendet den Begriff „Curling" im pädagogischen Kontext im Zusammenhang mit „Helikopter-Eltern", die im negativen Sinne ständig um ihr Kind kreisen.
Juul spricht davon, dass Kindern wichtige Individualisierungs- und Reifeprozesse vorenthalten werden, weil Eltern eine Erziehung ohne Stolpersteine praktizieren oder die Kinder in einer harmonischen Luftblase großwerden lassen (vgl. z. B. Juul, Interview in „Der Spiegel" 11/2012).

Auch (Pflege-)Eltern sehen sich häufig Vorwürfen ausgesetzt, sie würden das Kind zu streng oder zu behütet erziehen – zumal die FASD-Behinderung nach außen hin häufig nicht sichtbar ist. Dabei sind frühzeitige pädagogische Interventionen sowie eng gehaltene Rahmenbedingungen Grundvoraussetzungen für einen gelingenden Alltag.

Wir finden, dass der Vergleich mit Curling für die Haltung und Handlung im Zusammenleben mit Menschen mit FASD im positiven Sinne sehr zutreffend ist. Heilpädagogisch und therapeutisch gesehen ist ein den individuellen Bedürfnissen angepasstes, prozessorientiertes und situativ angemessenes Handeln gewünscht und zielführend.

Den Menschen mit FASD müssen täglich Strukturen vorgegeben sowie Informationen portioniert weitergegeben werden.

Der Begriff des „Curling" beschreibt die Situation vieler Eltern von Kindern mit FASD im Positiven sehr passend.

Analog zum Skip, der mit seinem Besen für den Spieler die Eisfläche präpariert, adaptieren die Eltern für den Menschen mit FASD in ihrer elterlichen, fürsorglichen und von Liebe, Geduld und Akzeptanz geprägten Präsenz den Alltag.

Wie der Skip geben sie die Richtung und den Rahmen vor, bieten feste Strukturen, an denen sich der Spieler orientieren kann, ohne den eigentlichen Wurf zu behindern. Der Skip hilft, Katastrophen abzuwenden oder zu umschiffen und Unwegsamkeiten zu überwinden, sie aber nicht auszublenden. Dabei sieht er zu, dass der Spieler (hier das Kind) sein Potenzial im Wurf entfalten kann, damit der Stein möglichst sinnvoll und weit rutscht.
So wie die Eisfläche beim Curling sorgfältig präpariert wird, damit sich der Spielstein möglichst reibungsfrei in die richtige Richtung bewegen kann, so ist vorausschauendes Denken und Handeln der Bezugspersonen erforderlich, um FASD-Betroffene durch die verschiedenen Lebensbereiche zu lotsen, ohne sich aufzureiben oder das Gefühl von Ohnmacht zu erleben.

Dabei sollen die Menschen mit FASD in ihrer Entscheidungsfindung und in ihren Reife- und Individualisierungsprozessen nicht behindert, sondern unterstützt und begleitet werden. Ihren „Wurf machen" sollen sie also unbedingt selbst, nur benötigen sie hierfür wie beim Curling zwingend ein protektives, unterstützendes Team.

Die Betreuungspersonen befinden sich in der Lage, dass alle eintretenden oder bevorstehenden Aktionen und Situationen im Vorfeld bedacht, geklärt und den Fähigkeiten des Menschen mit FASD angepasst werden müssen, ohne ihn in seiner Entwicklung einzuschränken. Denn unerwartete Situationen oder bereits kleine Abweichungen vom sonstigen Ablauf führen zu Irritationen und zu Überforderung, die sich in Gefühlsausbrüchen zeigen können und nicht selten in Eskalationen enden.

Ein Mensch mit Körperbehinderung muss auch im Vorfeld einer Aktion, wie etwa einem Stadtbummel, abwägen und planen, welche Wege für ihn passend und welche Hindernisse für ihn nicht passierbar sind. Er wird bewusst eine Route wählen, auf der er auf wenige Hindernisse trifft und die für ihn begehbar ist.

Der „Simultanübersetzer“

Wie jedes andere Kind muss auch ein Kind mit FASD Frustrationen, Niederlagen und Schwierigkeiten erfahren, um an ihnen zu wachsen. Trotzdem kann ein entspanntes und erfülltes Zusammenleben nur funktionieren, wenn wir als Bezugspersonen in vielen Dingen und Bereichen für unsere Kinder mit FASD vorweg entscheiden. Wir müssen sozusagen das „externe Gehirn“ dieser Menschen sein. Situationen müssen vorgedacht, strukturiert und „portioniert“ an unsere Kinder weitergegeben werden, sodass sie nicht überfordert sind und die Dinge möglichst verstehen und annehmen können.
So stehen wir als Vermittler zwischen den Menschen mit FASD und ihrer Umwelt, um ihnen zu erklären und zu „übersetzen“, was ihr Gegenüber meint oder welches Verhalten die Situation erfordert. Gleichzeitig sind wir aber auch gefordert, der Umwelt, Freunden, Lehrern, Trainern und anderen Menschen, denen unser Kind begegnet, immer wieder aufs Neue zu erklären, was es meint und warum es so und nicht anders reagiert.

Symbiotische Beziehung

Im Alltag mit einem Menschen mit FASD ist man ständig gefordert, ganz „nah“ an diesem Menschen zu sein, sich in ihn hineinzuversetzen, ihn zu begleiten und zu unterstützen und die Wege für ihn zu ebnen. Das führt oft, ohne dass wir es bewusst wahrnehmen, zu einer sehr engen, oft kräftezehrenden Beziehung, ohne die aber der Mensch mit FASD kaum glücklich leben kann.

Die Betreuungsperson übernimmt für den Menschen mit Behinderung als Simultanübersetzer, externes Gehirn, Regulator und Skip ständig vielfältigste Aufgaben und geht somit notgedrungen eine „symbiotische“ Beziehung mit ihm ein.

Für (Pflege-)Familien von Kindern mit FASD kann das jedoch eine sehr große Belastung bedeuten. Das Bewusstsein für diesen Sachverhalt geht im kräftezehrenden und turbulenten Alltag sehr oft unter.

Man sollte sich dieser Tatsache jedoch stets bewusst sein, um Verständnis füreinander zu haben, sich selbst zu schützen und daran zu arbeiten, dass Geschwisterkinder, die Partnerschaft und man selbst nicht auf der Strecke bleiben (siehe Praxisteil: „Und was ist mit mir?").

- **Die Geschwisterkinder**

Die Geschwisterkinder, meist die leiblichen Kinder der Pflege- oder Adoptiveltern, tragen einen großen Teil der Freude, aber auch der Belastung im Zusammenleben mit dem Menschen mit FASD mit. Die Betreuung und Erziehung eines Menschen mit FASD binden viel Kraft und Aufmerksamkeit der Eltern, sodass die „gesunden" Kinder oft ein Stück zurücktreten. Die Geschwisterkinder können jedoch ebenso von den wiederkehrenden problematischen Verhaltensweisen gestresst und betroffen sein und bedürfen daher unserer besonderen Aufmerksamkeit. Trotz aller Belastungen im Alltag dürfen die Geschwisterkinder nicht vergessen werden. Es ist wichtig, sich bewusst Zeit für jedes einzelne Kind zu nehmen, etwas Schönes miteinander zu erleben und stets Interesse am Tun des anderen zu signalisieren. Unsere Kinder verdienen unser Lob und unsere Anerkennung für ihren rücksichtsvollen und selbstverständlichen Umgang mit ihren (Pflege-)Geschwistern mit Behinderung.

- **Der Partner**

Nicht selten kann der auswärts arbeitende Partner diese „symbiotische" Beziehung nur schwer verstehen und aushalten.
Denn Aufmerksamkeit und Energie der Betreuungsperson, die die Begleitung und Erziehung des Menschen mit FASD übernimmt, sind gebunden und fehlen dem Partner gefühlt und erlebt vielleicht.
In Kontakt zu bleiben, die Partnerschaft verständnisvoll zu pflegen und dem anderen Anerkennung für seine Leistungen entgegenzubringen, sind absolut wichtige Dinge, um langfristig in einer stabilen Beziehung zu bleiben.

Die Basis aller Entwicklung

FASD ist eine pränatale hirnorganische Schädigung, deren Auswirkungen irreparabel sind. Es bleiben Ausfallerscheinungen im psychischen Bereich zurück, genauso wie Störungen des Sozialverhaltens und der sozialen Funktionen. Die soziale Integrationsfähigkeit ist meist eingeschränkt.
Besonders die Bereiche der Wahrnehmung sind massiv gestört und beeinträchtigt. Die Ausprägungen dieser Störungen sind so individuell und vielfältig, wie es die Menschen mit FASD sind.

Im Folgenden möchten wir die möglichen Ursachen aufzeigen und erklären. Es ist für die Arbeit mit diesen Menschen unbedingt wichtig, zu verstehen, wo die Ursachen für ihr oft unangepasstes und schwieriges Verhalten liegen. Nur so kann es uns gelingen, auf eine Weise mit ihnen umzugehen, die ihnen in ihrer Entwicklung weiterhilft, sodass sie Zugang zu ihren vorhandenen Stärken und Fähigkeiten bekommen.

Viele einzelne und komplexe Wahrnehmungsbereiche und -leistungen sind nötig, um den Alltag zu bewältigen, sie sind sozusagen unsere Basis. Auf vielen Grundfähigkeiten der Wahrnehmung (wie z. B. Sehen, Registrieren, Aufnehmen usw.) bauen komplexere Wahrnehmungsleistungen auf, die wir im Weiteren in Bezug auf FASD beleuchten wollen. Alle Wahrnehmungsbereiche bedingen sich und bilden zusammen die Basis zur Alltagsbewältigung und zur Auseinandersetzung mit unserer Umwelt.

Soziologisch gesehen brauchen wir diese Fähigkeiten, um uns als Individuum in unsere Gesellschaft einzubringen. Genau hierin besteht die große Behinderung für Menschen mit FASD.

▶ Wahrnehmung

Wahrnehmung ist das Aufnehmen von Reizen und Impulsen durch die verschiedenen Sinnesorgane, die zur weiteren Verarbeitung an das Gehirn weitergeleitet werden. Die Reizverarbeitung erfolgt, beruhend auf Erfahrungen und Erlerntem, individuell und subjektiv.

„Unter Wahrnehmung versteht man jene Prozesse, die eintreffende Informationen von den Sinnesorganen auswählen, ordnen und interpretieren." (Mietzel, 1998)

- **Wahrnehmungsverarbeitung**

Jede Sekunde stürmen Millionen von Reizen, die von Rezeptoren unseres Körpers als Impulse aufgenommen werden, über Nervenbahnen auf unser zentrales Nervensystem und unser Gehirn ein. Dies nehmen wir nur zu einem geringen Teil bewusst wahr. Unser Gehirn reagiert auf diese sensorischen Informationen aus Gedanken, Gefühlen, Bewegungen oder Kombinationen daraus, indem es priorisiert und gruppiert. Trotz intakter Sinnesorgane kann es zu Störungen der Wahrnehmungsverarbeitung kommen, denn bereits kleine Abweichungen führen dazu, dass das Gehirn die sensorischen Informationen fehlinterpretiert, verwirft oder von Reizen überflutet wird.

- **Sensorische Integration (SI)**

„Sensorische Integration bedeutet das sinnvolle Ordnen von Sinneserregungen im Gehirn, so dass der Mensch sich und seine Umwelt genau wahrnimmt, zu Lernprozessen fähig ist und auf Umweltgegebenheiten angemessen reagieren kann." (A. Jean Ayres)

Sensorische Integration ist also die Aufnahme, Verknüpfung und Verarbeitung von sämtlichen sinnlichen Erfahrungen, von Bewegung, Berührung und von Körperempfindungen wie Fühlen, Riechen, Schmecken, Hören, Sehen – ein Prozess, der fortwährend in unserem Gehirn stattfindet.
Die individuelle Veranlagung, der Reifegrad des Zentralnervensystems, die Qualität der Sinnesinformationen und die subjektive Interpretation der Impulse bestimmen unsere ganz eigene Wirklichkeit.
Sensorische Integration ist die Grundlage unserer Fähigkeit, Handeln und Sprechen zu lernen.

Informationen aus der Umwelt sowie alle Sinneseindrücke und Informationen, die von den Sinnessystemen aufgenommen wurden, müssen „integriert" werden.

Dies ist ein komplexer Prozess, der es uns ermöglicht, Informationen so zu verarbeiten, um in der jeweiligen Situation angemessenen handeln zu können.

Eine „intakte" Wahrnehmung und die Integration der Reize und Impulse aus der Umwelt sind die Basis für den Erwerb von koordinierter Bewegung, Kraftdosierung, Handlungsfähigkeit, sozialer Interaktion, angemessenem Sozialverhalten und Sprache.

Was bedeutet das für Menschen mit FASD und ihr Umfeld?

- Durch die vom Nervengift Alkohol verursachte Frontalhirnschädigung sind fast immer die Wahrnehmung, die Wahrnehmungsverarbeitung und die sensorische Integration der Sinneseindrücke beeinträchtigt und verändert. Reize und Impulse können nicht angemessen selektiert, geordnet und interpretiert werden.
- Dies führt z. B. zu Angespanntheit und Stress, Verhaltensproblemen, Über- und Unterempfindlichkeiten, Konzentrations- und Impulskontrollstörungen.
- Differenzierte, sehr feine Unterschiede in der Qualität von Reizen sind häufig nicht wahrnehmbar. Die Integration von Sinnesinformationen ist trotz intakter Sinnesorgane gestört.
- So brauchen Kinder mit FASD sehr klare und eindeutige Reize und Impulse, um bestimmte Informationen im Gehirn zu verwenden.
- Ein „Nachreifen" des Gehirns durch therapeutische Angebote zum Nacherleben oder durch Nachholen basaler Sinneserfahrungen ist nur eingeschränkt bis gar nicht möglich.

↓

Konsequenz

Die Basis aller Entwicklung, jedes Lernens und Erfahrens ist irreparabel beeinträchtigt!

▶ Impulskontrolle

Wenn ein unangenehmer Anspannungszustand durch impulsives, dranghaftes Verhalten oder spontane Handlungen abgebaut wird, diese Impulsivität zwar bewusst erlebt wird, jedoch nicht willentlich unterbrochen oder beherrscht werden kann, spricht man von einer Störung der Impulskontrolle. Die Konsequenzen von Handeln und Sprechen werden nicht bedacht und können nicht kontrolliert werden. Impulsivität ist eine Störung des Zusammenwirkens von Denken, Emotionalität und Verhalten.

Was bedeutet das für Menschen mit FASD und ihr Umfeld?

- **Impulskontrollverlust** ist in der sozialen Interaktion eine massive Auffälligkeit.
- Menschen mit FASD fallen durch Wutausbrüche, aggressives Verhalten oder verbal-aggressive Ausbrüche auf. Dies führt dazu, dass sie in Gruppen (Schulklasse, Spielgruppe, Sportteam) nur schwer zurechtkommen. Andere verstehen oder tolerieren die Impulsausbrüche nicht, was zur Isolation führen kann.
- Sie sind ungeduldig, haben Schwierigkeiten, abzuwarten und Bedürfnisse aufzuschieben.
- Handlungen werden nicht realitätsgerecht geplant und überdacht.

Soziale Interaktion

Soziale Interaktion bezeichnet den Prozess zwischen mindestens zwei Personen, die aufeinander reagieren, einander beeinflussen und steuern. Hierbei werden Informationen über vielfältige Kanäle (Mimik, Gestik, Körperhaltung) ausgetauscht.
Ist die Fähigkeit zur sozialen Interaktion und Kommunikation gestört, kommt es zu vielfältigen Problemen im sozialen Umfeld.

Was bedeutet das für Menschen mit FASD und ihr Umfeld?

- Die soziale Interaktion kann gestört sein, Mimik, Gestik und Körperhaltung werden oft fehlinterpretiert. Handlungen und Aussagen anderer werden missverstanden und auf die eigene Person bezogen, obwohl sie nicht unbedingt mit ihr zu tun hatten.
- Unterschiedliche Ebenen von Botschaften, komplexe Zusammenhänge und serielle Abläufe (Handlungsketten) werden nicht verstanden und so oft falsch gedeutet.
- Die angemessene Wahrung von Nähe und Distanz ist Menschen mit FASD oft nicht möglich, die Unterscheidung zwischen fremder und vertrauter Person und ein entsprechend angemessener Umgang gelingen oft schwer.
- Das Nachahmungsverhalten ist sehr ausgeprägt und somit oft der Schlüssel zum Lernen. Doch ist es Menschen mit FASD nicht möglich, das nachgeahmte Verhalten zu reflektieren, also zwischen richtig und falsch, angebracht oder unangemessen zu unterscheiden.
- Universelle Begrifflichkeiten wie Zeit, Besitz oder Gesetz können nicht adäquat erfasst werden. Durch den Mangel an Interpretationsfähigkeit und das fehlende Verständnis von grundlegenden Begriffen, wie z. B. gut und böse, sind von FASD betroffene Menschen leicht manipulierbar, viele werden kriminell.
- Die Störung der sozialen Interaktion kann zu Isolation und zu einer Anfälligkeit für psychische Erkrankungen (z. B. Depressionen) führen.

Frustrationstoleranz

Frustrationstoleranz ist die Toleranz gegenüber Enttäuschungen. Sie beinhaltet die Fähigkeit, langfristig psychische Spannungen zu ertragen, die aus der Nichtbefriedigung von Triebwünschen herrühren (vgl. Rosenzweig, 1938).
Die Frustrationstoleranz kann durch Lernprozesse gestärkt werden, also durch Training positiv beeinflusst werden. Eine hohe Frustrationstoleranz bedeutet, dass Niederlagen, Probleme und Misserfolge nicht lähmen und behindern, sondern die Motivation zum Durchhalten hoch ist.
Individuen mit geringer Frustrationstoleranz neigen dagegen dazu, Anstrengung zu vermeiden. Schnelles Aufgeben bei Widerständen, Entmutigung und Resignation sind Merkmale einer geringen Frustrationstoleranz. Auch Jähzorn und Wut können dann Folge von Enttäuschung und Widerständen sein.
Je stärker die Frustrationstoleranz ist, umso weniger aggressive Verhaltensformen sind zu finden.

Was bedeutet das für Menschen mit FASD?

Von klein auf erleben Menschen mit FASD negative und frustrierende Situationen, zu deren Bewältigung das passende Verhalten nur schwer oder gar nicht erlernt werden kann. Sie erfahren täglich und permanent Misserfolge und Missverständnisse, weil sie durch die hirnorganische Schädigung und die dadurch resultierenden Schwierigkeiten, z. B.

- Gelerntes oft nicht abrufen können,
- Regeln häufig nicht übertragen und anwenden können,
- soziale Kontexte oft nicht verstehen,
- Reize des Öfteren nicht angemessen verarbeiten und auswerten können.

Diese Tatsache wird ihnen mit zunehmendem Alter immer bewusster, denn sie nehmen sich häufig selbst als fehlerhaft und nicht als gleichwertig wahr und entwickeln ein ausgeprägtes Störungsbewusstsein. Dies führt in den meisten Fällen zu einem riesigen Frust und geringer Toleranz gegenüber negativen Erfahrungen, oft auch zu unbändiger Wut, die sich in unkontrollierbaren Impulsen entlädt. Daraus resultieren neue Probleme, welche das Selbstwertgefühl mit hoher Wahrscheinlichkeit beträchtlich mindern.
In dieser Frustrationsspirale bewegen sich Menschen mit FASD ihr Leben lang. Nur durch äußere Unterstützung bekommen sie ein positiveres Selbstbild, das immer wieder neu aufgebaut und erarbeitet werden muss.

Selbstregulation

Gefühle, Gedanken, Motive und Handlungen werden aufgrund eigener Reflexion verändert. Diese eigene Aktivierung muss ständig, flexibel und bedürfnisorientiert geschehen. Dazu wird das Speichern von Erfahrungen benötigt, um sie für künftiges Verhalten zu nutzen.
Nach Frederick Kanfer setzt die Selbstregulation immer dann ein, wenn jemand ein Ziel erreichen will und auf dem Weg dorthin Hindernisse erscheinen, auch wenn gewohntes Verhalten nicht mehr funktioniert. Die Aufmerksamkeit des Betroffenen richtet sich dann auf sein Verhalten. Es kommt zu Selbstbeobachtung, Selbstbewertung und Selbstverstärkung. Aus diesem Prozess entsteht dann die Reaktion und Handlung (vgl. Kanfer, Reinecker & Schmelzer, 2012, S. 365).

Grundlegend für die Fähigkeit zur Selbstregulation sind Kompetenzen wie

- Wahrnehmung,
- sensorische Integration,
- Impulskontrolle,
- soziale Interaktion,
- Frustrationstoleranz,
- Handlungsplanung.

Selbstregulation setzt intakte Exekutivfunktionen voraus! Ohne Selbstregulationskompetenzen ist eine autonome Lebensführung erheblich beeinträchtigt.

Was bedeutet das für Menschen mit FASD?

- Alle grundlegenden Fähigkeiten, die zur Selbstregulation und Steuerung der Exekutivfunktionen nötig sind, können in hohem Maße durch die Behinderung beeinträchtigt oder nur lückenhaft erworben worden sein. Das führt dazu, dass die Mechanismen von Selbstbeobachtung, Bewertung und Reflexion nicht in angemessener Weise funktionieren können.
- Das wesentliche Erziehungs- und Entwicklungsziel, um in der Gesellschaft zurechtzukommen, nämlich der Erwerb von selbstständigem und realitätsgerechtem Denken, Planen und Handeln, ist nur eingeschränkt oder gar nicht erreichbar. Menschen mit FASD sind oft ein Leben lang auf Hilfe und Unterstützung durch eine Bezugsperson angewiesen.

Handlungsplanung

Handlungsplanung ist die Fähigkeit, einen Plan zu machen, um ein vorher festgelegtes Ziel zu erreichen oder angemessen auf eine Anforderung der Umwelt zu reagieren.
Zur Handlungsplanung ist die Motivation nötig, Ziele zu verfolgen. Es sind Prioritäten zu setzen und Wege zu finden, um diese Ziele zu erreichen.
Die Fähigkeit des vorausschauenden und logischen Denkens ist dabei wichtig.
Die Handlungsplanung basiert auf dem komplexen Zusammenspiel mehrerer beteiligter Gehirnareale.
Die Zielsetzung ist die Grundlage für alles, was wir tagtäglich tun. Für jede Handlung, die wir durchführen, setzen wir Ziele, die im Gehirn in einzelne Handlungen unterteilt werden.

Was bedeutet das für Menschen mit FASD?

Da bestimmte Hirnareale nicht vollständig entwickelt oder miteinander vernetzt sind, kann es dazu kommen, dass Menschen mit FASD zwar bestimmte Handlungsabläufe benennen, sie aber trotzdem nicht in der richtigen Reihenfolge durchführen können.

- Es ist oft schwierig für sie, einzelne Handlungsschritte in der korrekten Reihenfolge durchzuführen.
- Wichtige Einzelheiten der Schritte werden missachtet.
- Häufig fällt es ihnen schwer, ihre Aufmerksamkeit auf den aktuellen bzw. nächsten Schritt zu richten.
- Oft haben sie Probleme, die einzelnen Handlungsschritte oder aber das Ziel im Gedächtnis zu behalten.

Arbeitsgedächtnis

Im Arbeitsgedächtnis werden kurzfristig eingehende visuelle, auditive und räumliche Reize und Informationen verarbeitet und mit Informationen aus dem Langzeitgedächtnis abgeglichen. Das Gehirn braucht für diese aktive Funktion sehr viel Energie.
Erst diese Fähigkeit des menschlichen Gehirns, sich für kurze Zeit Informationen zu merken, ermöglicht es uns, die uns umgebende Umwelt zu verstehen. Das Arbeitsgedächtnis brauchen wir, um Probleme lösen zu können. Es unterstützt uns beim Erwerb von neuem Wissen und bei der Formulierung und Abwägung neuer Ziele.

Was bedeutet das für Menschen mit FASD?

- Durch die auftretenden Störungen im Arbeitsgedächtnis können Menschen mit FASD das, was sie sehen und hören, oft nicht richtig aufnehmen, verarbeiten und merken.
- Ebenfalls können räumliche Reize nicht richtig aufgenommen und ausgewertet werden, was dann zu Orientierungsschwierigkeiten in Zeit und Raum führt.
- Häufig gelingt auch der Abgleich der neuen Informationen, die man sich merken muss, mit denen aus dem Langzeitgedächtnis nicht.
- Das kurzzeitige Speichern von Informationen gelingt oft nicht, was es wiederum schwierig macht, sich in der Umwelt zurechtzufinden, da es ohne oder mit nur geringer Merkfähigkeit schwierig ist, sich Ziele zu setzen und die mögliche Umsetzung im Auge zu behalten.
- Ein durchgehend zuverlässiger Zugriff auf gespeichertes Wissen und Erlerntes ist nicht gegeben. So können Dinge, die gestern noch gewusst wurden, heute nicht abrufbar sein.

Praktische Umsetzung

Was sind Wegweiser und wie nutze ich sie für mich?

In diesem Teil widmen wir uns den praktischen und alltäglichen Herausforderungen, die das Leben mit einem Menschen mit FASD mit sich bringt.
Wir möchten Ihnen ganz konkret Handlungsmöglichkeiten an die Hand geben und Sie ermutigen, selbst Wege und Vorgehensweisen zu entwickeln, die Ihrem Wesen und den Anforderungen Ihres Alltags entsprechen.
Uns ist es sehr wichtig, dass wir wegkommen vom bloßen „Durchstehen" oder „Überleben" unseres Alltags. Ziel ist vielmehr eine freiere, glücklichere Gestaltung unseres täglichen Zusammenlebens.
Wir möchten Sie ermuntern, herauszutreten aus der Ohnmacht und dem Zwang, täglich in vielen schwierigen Situationen spontan eine angemessene Reaktion zu finden, nur um das Chaos kleinzuhalten.
Durch das Erkennen bestimmter wiederkehrender Verhaltensweisen sollen Sie die Chance erhalten, diese zu analysieren und zu akzeptieren. Sie sollen in die Lage versetzt werden, konkrete und individuelle Handlungsmöglichkeiten zu entwickeln. Damit erhalten Sie die Kontrolle über Ihren Alltag wieder zurück und können diesen selbstbestimmter gestalten. So steigern Sie Ihre Selbstwirksamkeit und kommen in Ihre eigene Kraft.
Hierfür haben wir die 20 häufigsten Probleme im Alltag mit FASD zusammengestellt und jeweils deren mögliche Entstehungsgründe herausgearbeitet. Danach haben wir anhand der Punkte **Prävention, direkte Reaktion** und **Partizipation** konkrete Handlungsmöglichkeiten für Sie erstellt und diese jeweils mit einem Beispiel aus der Praxis verdeutlicht.

Die 20 Wegweiser

Zu Beginn wird immer das Problem mit möglichen Entstehungsgründen beschrieben.
Es ist nötig, sich die Gründe und Auslöser des problematischen Verhaltens bewusst zu machen, um den Menschen mit FASD zu verstehen und ihn im Umgang damit zu unterstützen.

Prävention

Unter diesem Punkt finden Sie im Wegweiser:

Die Überlegung, welche Auslöser und Gründe es für bestimmte Verhaltensweisen geben könnte, sowie Anregungen dazu, wie Sie selbst angemessen und praktizierbar damit umgehen können.

- Welche Ursachen führen zur Eskalation?
- Was kann ich selbst tun, um die Wiederholung immer gleicher oder ähnlicher Situationen, Verhaltensweisen und Eskalationen möglichst zu vermeiden?
- Wie kann ich schwierige Situationen entzerren? Gibt es Möglichkeiten, frühzeitig einzuschreiten, um ein weiteres „Hochkochen" zu unterbrechen?
- Sind es wiederkehrende Ereignisse?
- Bei wem und wo passiert die Eskalation immer wieder?
- Gibt es andere Handlungsmöglichkeiten im Umgang mit dem Menschen mit FASD, um im Vorhinein die Eskalation zu vermeiden?
- Was hat der Mensch mit FASD von seiner überschießenden Reaktion? (positiven Effekt kleinhalten, auch negative Aufmerksamkeit ist ein Verhaltensverstärker)

Direkte Reaktion

Unter diesem Punkt finden Sie im Wegweiser:

Anregungen und Ideen zu direkten, konkreten Handlungen, um Schaden zu verhindern oder so klein wie möglich zu halten.

- die Umgebung und sich selbst durch räumlichen Abstand in Sicherheit bringen
- konkrete Handlungsmöglichkeiten für solche wiederkehrenden Situationen überlegen, damit sie in diesen Situationen intuitiv abrufbar sind, um direkt reagieren zu können
- Bühne und Aufmerksamkeit entziehen, warten, bis der „Anfall" vorbei ist
- eventuell, falls noch möglich, das Kind/den Jugendlichen umarmen, festhalten, bremsen

Partizipation

Partizipation nennen wir in unseren Wegweisern eine geführte und begleitete „Wiedergutmachung“ und Bearbeitung einer schwierigen Situation mit dem Potenzial, aus dieser für die Zukunft lernen zu können und an ihr zusammen wachsen zu dürfen.

- trösten, in den Arm nehmen
- zur Unterstützung der Kommunikation ein Medium zwischenschalten (z. B. Handpuppe, Kuscheltier)
- über das Geschehene sprechen, die Handlung verurteilen, nicht den Täter
- den Menschen mit FASD die Schäden im Rahmen seiner Möglichkeiten beheben lassen, ihn dabei durch Anwesenheit, manchmal auch durch tätige Hilfe unterstützen
- ihn die Folgen seines Tuns ein Stück weit spüren lassen (Dinge, die zerstört worden sind, werden nicht einfach neu gekauft, das Taschengeld wird zum Teil einbehalten …)

Der Mensch mit Behinderung wird ernst genommen, wenn er, teils auch nur eingeschränkt, für sein Handeln verantwortlich gemacht wird.
Indem konkrete Handlungsschritte erarbeitet und begleitet umgesetzt werden, findet ein verhaltenstherapeutisches Arbeiten statt.
Die Beziehung wird gestärkt!

Dann folgt zumeist ein Beispiel in Tabellenform, um die vorherigen Punkte zu erläutern und Ihnen damit die Möglichkeit zu geben, Ihre eigenen Erfahrungen und Probleme auf diese Weise

- zu sortieren,
- zu analysieren
- und zu lösen.

Das Rüstzeug für den Alltag/praktische Tipps

Aus der folgenden Auflistung der möglichen Konflikte und Probleme, die beim Zusammenleben mit Menschen mit FASD auftreten können, kann man ablesen, wie vielfältig, individuell und ausgeprägt sich diese Behinderung zeigen kann.
Diese Liste ist eine Aufzählung der Störungen, Konflikte und Probleme, die wir als „Betroffene“ im Alltag mit unseren Erziehungsstellenkindern oder -jugendlichen selbst erlebt haben, aus unserer Arbeit kennen oder aus der Arbeit in unserem Arbeitskreis in Köln (Kontakt siehe weiterführende Internetadressen) mit anderen Eltern von Menschen mit FASD zusammengetragen haben.
All diese Probleme können natürlich auch in der Entwicklung jedes Menschen ohne FASD auftreten, nur sind sie dann in der Regel zeitlich begrenzt und oft auch weniger ausgeprägt.
Bei Menschen mit FASD sind diese Störungen der Exekutivfunktionen Symptome ihrer Behinderung, begründet in vielfältigen Wahrnehmungsschwierigkeiten durch die Schädigung des Gehirns. Sie sind in der Regel nicht „wegzuerziehen“, manchmal lenk- oder umgehbar, dauern aber ein ganzes Leben und sind oft der schwierigste Teil der Behinderung FASD.
Es ist daher wichtig und sinnvoll, sich geeignete Strategien zurechtzulegen, sich ein passendes Rüstzeug zuzulegen, um trotz FASD ein entspanntes und glückliches Leben zu führen und sich nicht nur von einer „Katastrophe“ zur nächsten zu hangeln.

In der Auflistung finden Sie Möglichkeiten und Erklärungsversuche für bestimmte Verhaltensweisen und bewährte (weil von Eltern oft praktizierte und gelebte) Lösungsansätze.
Dabei können die alltäglichen Konflikte, Probleme oder Verhaltensauffälligkeiten den aufgelisteten in der Art und Ausprägung sehr ähnlich sein, sie können aber auch so verschieden sein wie die Menschen, die sie zeigen.
Daher kann es kein universelles „Patentrezept“ geben. Jede Familie muss für sich herausfinden, was am besten funktioniert und zum eigenen Lebenskonzept passt.
Manches Mal lohnt es sich, ausgetretene Pfade zu verlassen und ungewöhnliche, in der Pädagogik nicht beschriebene Wege zu gehen.

Menschen mit FASD brauchen Begleitung, Schutz und Hilfe bei der Bewältigung starker Emotionen.
Das Annehmen, Durchleben und Akzeptieren von (unliebsamen) Emotionen ist ein immer wiederkehrender Prozess. Das Erlernen von Techniken, mit denen sie sich selbst regulieren und wieder beruhigen können, wäre wünschenswert, ist oft aber nicht möglich.
Daher müssen wir manchmal diese „Regulatoren" für sie sein, was oft an unsere eigenen Grenzen geht.
Wichtig ist dabei, sich immer wieder ins Gedächtnis zu rufen, dass Verhaltensauffälligkeiten, extreme Ausbrüche, Aggression und negative Gefühle keine Böswilligkeit gegen Sie persönlich sind oder Ihre Erziehungsfehler aufzeigen.
Es sind, in den meisten Fällen jedenfalls, Symptome (Krankheitszeichen) von FASD, an denen niemand schuld ist!
Eine gute, möglichst unbelastete Beziehung zu dem Menschen mit FASD ist Voraussetzung für ein positives Zusammenleben.

Wegweiser 1 – Aggressivität/Wut

Aus Schuldgefühlen, Trauer, Angst, Überforderung, Ohnmacht und Ablehnung kommt es häufig zu **aggressivem Verhalten** und **starken Gefühlen von Wut.**

Siehe:

Die Basis allen Lernens:
- **Frustrationstoleranz**
- **Selbstregulation**
- **Handlungsplanung**
- **Soziale Interaktion**

Dieses kann sich wie folgt äußern:
- verbal (schimpfen, beschimpfen)
- körperliche Auseinandersetzungen
- Zerstörung von Gegenständen
- Dinge herumwerfen
- spucken
- Autoaggression (Gewalt gegen sich selbst)
- Wut auf sich selbst
- Aggressionen gegenüber anderen (auch gegen Babys, Kleinkinder)
- Aggressionen gegen Tiere und Dinge
- Wut über die eigene Herkunft, Wut auf die Mutter

Lösungsvorschläge

Prävention
- deeskalieren durch Vorausdenken der bevorstehenden Situationen
- dem Umfeld, Lehrer, Trainer, Eltern von Freunden immer wieder erklären, mit welchen Schwierigkeiten Menschen mit FASD zu kämpfen haben, Verständnis einfordern
- Handpuppen einsetzen, um schwierige Zusammenhänge zu erklären, diese als „neutrale Mittler" einsetzen
- in den Arm nehmen, Trost spenden, Gefühle annehmen und durchleben lassen
- ein Time Out oder „Freio" einrichten/trainieren
- Wutraum, Ruhe- oder Auszeitraum oder Tobeecke einrichten
- Gefühlsuhr basteln und nutzen
- Antistressoren einsetzen, Stresshormone neutralisieren durch Singen, Tanzen, Musizieren oder andere Hobbys
- Bewegung, Entspannungstechniken einüben

- positive Gedanken anregen oder schöne Erinnerungen wachrufen
- beruhigende Musik
- passende Wohnungseinrichtung wählen (schwedisches Möbelhaus, statt Designer)
- verbal mitgehen und Emotionen bestätigen (eine Methode nach Marte Meo)
- in Verbindung bleiben, Emotionen benennen (eine Methode nach Marte Meo)
- verbales Spiegeln der Emotionen durch Stellen von „Weil-Fragen" (z.B. „Du bist jetzt wütend, weil ...?")

Direkte Reaktion

- frühes Stopp, vielleicht durch Körperkontakt unterstützen (Hand auf die Brust legen, Druck auf beide Oberarme ...)
- wenn möglich ignorieren (und aus dem Raum gehen)
- sich selbst und andere schützen, angemessenen Raum bieten, die „Bühne" entziehen (Kind in den Nebenraum/eigenes Zimmer schicken) und den Ausbruch abwarten
- Angebot, in ein Kissen zu schreien und/oder zu boxen
- „Kissenrennen": mit etwas Anlauf gegen ein großes Polster oder Kissen, das der Erwachsene hält, rennen lassen
- paradoxe Intervention, reagieren Sie, wie Ihr Kind es nicht erwartet!
- einen Gegenreiz setzen: Seifenblasen, Eis, Lutscher, Hände gemeinsam unter kaltes Wasser halten

Wiedergutmachung

- in den Arm nehmen, Trost spenden, Gefühle annehmen und durchleben lassen
- Gespräch suchen, Vorfall besprechen, die Tat, nicht den Täter verurteilen
- sich bei den Menschen, die zu Schaden gekommen sind, entschuldigen
- Dinge, die zerstört worden sind, so weit wie möglich wieder in Ordnung bringen

Beispiel → Aggression/Wut

Tim und Julia wollen alleine schwimmen gehen, der Vater, Herr F., hat nichts dagegen. Justin, 6 Jahre alt, hört von dem Vorhaben seiner älteren Geschwister und möchte mit. Das kann ihm Herr F. nicht erlauben, da Justin noch nicht schwimmen kann und auch so dauernder Aufsicht bedarf.

Justin liebt es, schwimmen zu gehen, dass er nur tauchen und noch nicht schwimmen kann, stört ihn nicht. Er überschätzt sein Können und denkt manchmal einfach, dass er doch schwimmen könne. Justin hätte keine Angst, alleine ins Schwimmbad zu gehen.

Der Vater kennt Justins Liebe zum Wasser und seine mangelhafte Risikoeinschätzung.

- Er kann Justins Aufmerksamkeit erlangen und in Ruhe mit ihm klären, warum er ihn jetzt gerade nicht mitgehen lassen kann.
- Herr F. könnte Justin signalisieren, dass er seine Enttäuschung gut versteht.

Justin fängt an, seinen Unmut über die Absage laut herauszuschreien. Er trampelt mit dem Fuß auf, spuckt auf den Boden und kreischt wie am Spieß. Herr F. schreit zurück und befiehlt ihm, aufzuhören. Justin beginnt, den Vater heftig zu beschimpfen, dieser droht Justin mit Strafe.

Justin ist wütend und enttäuscht. Vielleicht auch traurig darüber, dass seine Geschwister Freiheiten genießen können, die ihm aufgrund seiner Behinderung so nicht möglich sind.

Herr F. kennt Justins fehlende Impulskontrolle und könnte versuchen, ihn abzulenken und zu trösten.

- Er könnte seine Beschimpfungen ignorieren und sie nicht persönlich nehmen.
- Der Vater könnte Justin seine Wut und Trauer verständnisvoll spiegeln und sie ihm zugestehen.

	▪ Danach könnte er mit ihm eine alternative Beschäftigung suchen, die Justin auch Freude macht (z. B. ein Bad nehmen oder das Planschbecken im Garten nutzen).
Justin steht vor Wut bebend und mit verschränkten Armen da.	Justin ist beleidigt und wütend, er hat sich noch nicht beruhigt. Noch ist es nicht zu spät, zu deeskalieren. Justin würde Verständnis, Trost und Ablenkung guttun. ▪ Herr F. ist verärgert über Justins Wutausbruch, auch er braucht Deeskalation. ▪ Vielleicht hilft es ihm, daran zu denken, dass Justin sich selbst nur sehr schwer regulieren und seine Impulse oft nicht kontrollieren kann. Er tut dies nicht absichtlich, es ist Teil seiner Behinderung. Herr F. könnte Justin anbieten, zu ihm zu kommen und ihn zu trösten, um dann gemeinsam eine schöne Beschäftigung zu überlegen.
Herr F., der gerade Wäsche gefaltet hat, kehrt zurück an seine Arbeit. Er schickt Justin aus dem Raum, nachdem er ihn gebeten hat, vernünftig und nicht beleidigt zu sein.	Justin bleibt mit seinen Gefühlen allein. ! Herr F. sollte Justins Gefühle hier nicht ignorieren. Indem er sich etwas anderem zuwendet, bekommt Justin das Signal, dass seine Gefühle unwichtig sind, und könnte sich unverstanden fühlen. ▪ Justin findet allein keinen Ausweg aus seinen destruktiven Empfindungen.

- Er bräuchte den Vater als Übersetzer und Vermittler, um diese negativen Gefühle einzuordnen und einen angemessenen Umgang damit hinzubekommen.

Eskalation!

Justin stürmt, immer noch schreiend, ins Wohnzimmer und wirft sich aufs Sofa. Der Hund der Familie liegt dort und schläft. Justin ist so wütend und enttäuscht, dass er den Hund feste kneift. Der Hund jault auf, knurrt und zieht sich vom Sofa zurück. Justin läuft hinterher, um den Hund zu streicheln und zu trösten. Seine Wut und Enttäuschung sind vergessen.

Justin braucht ein Ventil für seine Wut und die angestauten Aggressionen. Ihm ist jetzt egal, wie, aber er möchte Erleichterung.

Herr F. muss Justin, das Umfeld und andere jetzt schützen.

- Justin darf z. B. nun nicht alleine mit dem Hund sein.
- Ein Kissen, in das Justin hineinboxt, könnte zum Abbau von Wut und Aggression dienen.

Wegweiser 2 – Trauer

Trauer ist ein Gefühl, das viele Menschen mit FASD täglich begleitet. Trauer empfinden sie aus Unzufriedenheit mit sich selbst, im Selbstvergleich mit anderen oder Gleichaltrigen, über die Endgültigkeit ihrer Behinderung, über die eigene Herkunft, das Verschulden der leiblichen Mutter, wegen Ablehnung und Einsamkeit und aus Schuldgefühlen heraus.

Siehe:

Die Basis allen Lernens:
- **Frustrationstoleranz**
- **Soziale Interaktion**
- **Wahrnehmung**

Dies kann sich zeigen durch:
- depressive Verstimmungen
- Suizidgedanken und entsprechende Aussprüche
- Rückzug und Antriebslosigkeit

Lösungsvorschläge

Prävention
- in den Arm nehmen, Körperkontakt anbieten
- zuhören
- positives Denken einüben
- Verständnis zeigen, Gefühle annehmen und fühlen lassen
- Perspektiven aufzeigen, Mut machen
- Handpuppen einsetzen
- medikamentöse Einstellung durch einen Facharzt
- Selbsthilfegruppe besuchen oder gründen
- einen Brief an die Mutter absenden, Trauergefühle ausformulieren
- einen Brief an die Mutter schicken oder diesen gemeinsam in einem Ritual verbrennen
- Trauer in Bild/Malerei/Kunst umsetzen
- in den Wald oder an einen einsamen Ort gehen und Gefühle (Wut, Trauer, Frust, Freude) herausschreien
- singen, tanzen, musizieren und andere Hobbys pflegen
- schaukeln oder wiegen

- Freund(e) treffen
- eigene Geschichte erzählen oder erzählen lassen, Biografie-Arbeit
- beruhigende Musik hören
- Duftsäckchen mit Lavendel schnuppern und/oder Duftkerze mit beruhigendem Duft anzünden (Lavendelöl), auch als Massageöl körperwarm einreiben

Direkte Reaktion

- Verständnis zeigen, Gefühle annehmen und fühlen lassen
- in den Arm nehmen, Körperkontakt anbieten
- zuhören
- Handpuppen oder Kuscheltiere einsetzen, um den Kontakt, ohne zu viel Nähe, zu halten oder wieder aufnehmen zu können (Medium zwischenschalten)
- Perspektiven aufzeigen, Mut machen
- schaukeln oder wiegen, dabei in ein enges Tuch oder Decke wickeln
- Duftsäckchen mit Lavendel schnuppern und/oder Duftkerze mit beruhigendem Duft anzünden (Lavendelöl), auch als Massageöl körperwarm einreiben
- beruhigende Musik hören
- in den Wald oder an einen einsamen Ort gehen und Trauer herausschreien

Partizipation

- in Trauer zerstörte Gegenstände müssen hinterher (nach einer Besprechung der Situation) aufgeräumt, repariert oder ersetzt werden
- für Beleidigungen sollte man sich entschuldigen

Beispiel → Trauer	
Cindy, 12 Jahre, sitzt mit ihrer Pflegemutter bei der Oma. Zusammen schauen die drei alte Fotos aus der Kindheit der Pflegemutter an. Cindy ist sehr interessiert und lacht herzlich über die lustigen Frisuren der damaligen Zeit. Sie kann die familiären Zusammenhänge und die Jugend ihrer Pflegemutter und von Oma auf den Bildern nicht begreifen. Für Cindy war die Oma immer so alt, wie sie sie kennt, und ihre Mutter immer so wie jetzt. Sich ihre Angehörigen als junge und jüngere Menschen vorzustellen, schafft Cindy auch mithilfe der Bilder nicht. Ihr ist das egal, sie hat viel Spaß an diesem Nachmittag.	Gemeinsame, harmonische Stunden genießt jeder. Cindys Unvermögen, sich abstrakte Dinge, wie die Jugend ihrer Pflegemutter, vorzustellen, wird akzeptiert und unkommentiert angenommen.
Abends ist Cindy traurig und wütend, alles nervt sie. Jetzt soll sie wieder Zähne putzen und so früh ins Bett gehen! Sie schreit ihre Schwester nach dem Abendessen wegen einer Kleinigkeit an und beschimpft die Pflegemutter, als diese sie ins Bad schickt. Alle haben es auf sie abgesehen, findet Cindy. Beim Zähneputzen betrachtet sie sich im Spiegel. Cindy findet sich selbst doof, sie sieht ihrer leiblichen Mutter ähnlich. Das erfüllt sie mit Hass und Wut. Diese trinkende Mutter ist überhaupt an allem schuld. Cindy schreit und flucht laut, was ihre Pflegemutter auf den Plan ruft.	Die Pflegemutter bleibt konsequent bei ihren Forderungen, ohne Cindys kleineren Ausbrüchen große Beachtung zu schenken. Sie ist jedoch sensibilisiert und achtet auf kleine Veränderungen in Cindys Stimmungslage und bleibt in der Nähe.

Die Pflegemutter legt Cindy sanft die Hand auf den Rücken. Nachdem sie bemerkt hat, dass Cindy das gut aushalten kann, streicht sie ihr langsam über den Rücken und fragt sie leise, was los sei. Cindy heult los und wirft sich der Pflegemutter in die Arme. Diese tröstet Cindy erst einmal.

Cindy braucht jetzt Trost und Zuspruch, die Pflegemutter weiß, wie schwer sich Cindy alleine beruhigen und sortieren kann.

Nicht immer ist Körperkontakt gewünscht.

Aber Cindy kann die Nähe hier gut akzeptieren und brauchen. Sie hilft ihr, sich schneller zu beruhigen.

Zusammen setzen sie sich auf Cindys Bett und reden, dabei hält die Pflegemutter Körperkontakt zu Cindy. In der ruhigen und zugewandten Atmosphäre erzählt Cindy, dass sie irgendwie traurig sei. Die Pflegemutter fragt sie, ob das irgendetwas mit dem Tag zu tun habe, vielleicht mit dem Besuch bei Oma. Cindy merkt, dass sie traurig ist, weil es kein Fotoalbum von ihr mit Babybildern und einer liebevollen Mutter gibt. Sie sagt, dass sie ihr Spiegelbild hasse, weil das so aussähe wie ihre leibliche Mutter. Cindy ist verwirrt und überfordert mit ihren Gefühlen.

Die Pflegemutter nimmt Cindy in den Arm und spendet Trost. Sie erzählt Cindy von ihrer Ankunft in der Pflegefamilie und dass sie hier sehr geliebt und geschätzt werde.

Cindys Pflegemutter macht das toll! Sie schafft die richtige Atmosphäre und Ruhe, damit Cindy Zugang zu ihren Emotionen finden und sich öffnen kann. Zusammen finden sie eine Lösung und Cindy lernt den Umgang mit unliebsamen Gefühlen.

Die Pflegemutter beschließt, mit Cindy ein eigenes Fotoalbum anzulegen und auch die positiven Seiten der leiblichen Mutter anzusprechen. Sie zeigt sich einfühlsam und verständnisvoll und erklärt Cindy deren Gefühle von Wut, Trauer und Hass. Sie bestärkt sie darin, dass diese Gefühle verständlich und berechtigt sind. Die Pflegemutter schlägt Cindy vor, das nächste Mal, wenn sie diese Gefühle spürt, direkt zu ihr zu kommen.

Die Pflegemutter bietet Schutz und Hilfe bei der Bewältigung schwieriger Gefühle.

Wegweiser 3 – Frustrationen

Zu **Frustrationen** kommt es aus einem Gefühl der Überforderung heraus, aus mangelndem Können, Wissen oder Verständnis und weil eigenen und fremden Erwartungen nicht entsprochen werden kann.

Siehe:

Die Basis allen Lernens:
- **Selbstregulation**
- **Wahrnehmung**
- **Soziale Interaktion**

Dies kann sich äußern in:
- Wutausbrüchen
- (Auto-)aggressivem Verhalten
- Verweigerung
- Selbsthass
- Trauer

Lösungsvorschläge

Prävention

- wenige, erfüllbare Regeln, die allerdings konsequent eingehalten werden, etablieren
- prompte, verständliche Konsequenz/Sanktion bei Regelverstößen
- klare Strukturen schaffen und wiederkehrende Rituale einführen
- exakte Wiederholungen von Handlungsabläufen trainieren, wenn nötig durch passende Gesten unterstützen
- einfache (selbst gemachte) Bildkarten einführen und nutzen
- Dinge oder Bereiche durch Farben markieren, Beschriftungen/Symbole nutzen
- Bilder vom Sollzustand aufhängen (ein Bild vom ordentlichen Schreibtisch als „Vorlage“)
- Checklisten nutzen
- reizarme, bekannte Umgebung schaffen/aufsuchen
- kurze, klare Anweisungen/Aufforderungen in Form von Ich-Botschaften vermitteln, dabei Blickkontakt halten und wenn nötig auch Körperkontakt
- Zeit geben, Dinge zu tun, Geduld haben; Menschen mit FASD haben eine längere Reaktionszeit; für sich selbst zählen: 21, 22, 23, …

- komplexere Aufgaben schrittweise bewältigen, Teilschritte machen und einüben, Abschlüsse schaffen, nach jedem Teilschritt innehalten lernen („Fertig!“, „Ja!“, „Geschafft!“)
- Vermitteln eines guten Selbstwertgefühls: „Ja, ich bin jemand, der etwas schafft und zu Ende bringt!“ Das Einüben dieser Haltung hilft, ein positives Selbstbild aufzubauen
- kleine Erfolge feiern und loben
- vorausschauend handeln, vorhersehbar sein, Ereignisse und nächste Aktionen kurz vorher ankündigen („In zehn Minuten gibt es Essen!“)
- Verantwortung und Aufgaben nach Können vergeben, zugeteilte Aufgaben sind verschenkte Vertrauensbeweise
- enge (verbale) Begleitung in schwierigen und/oder neuen Situationen
- Lob, Anerkennung und Bestätigung für Geleistetes schenken
- mit den Stärken, nicht gegen die Schwächen arbeiten
- Ruhephasen/Pausen einbauen
- Entspannungstechniken anwenden

Dies alles bietet dem frustrierten Menschen Klarheit, Struktur und Konstanz sowie einen Rahmen oder eine Begrenzung, nach der er sich richten und an dem er sich festhalten kann.
Eine Sicherheit, die er sich oft selbst nicht geben kann, kann ihm auf achtsame, wertschätzende und liebevolle Weise gegeben werden.
Dazu brauchen Sie als Erwachsener oft nur ein wenig Mut zu einem liebevollen „Nein“, wenn es angesagt ist, und dürfen keine Angst vor unpopulären Entscheidungen haben. Dies erleichtert auf längere Sicht das Zusammenleben enorm!

Direkte Reaktion

- Schadenbegrenzung durch direkte Ansprache in Befehlsform: „Halt!“, „Verlass sofort den Raum!“, „Lass mich sofort los!“, „Gib den Gegenstand her!“ usw.
- sich und andere durch räumlichen Abstand in Sicherheit bringen
- „Bühne“ entziehen, durch Ignorieren
- das Kind/den Jugendlichen einmal um „den Block“ laufen lassen, 10 Minuten in Wald und Wiesen schreien lassen
- laute Musik am besten mit Kopfhörern hören lassen
- in ein Kissen oder einen Boxsack schlagen lassen
- Steintreppe „hochstampfen“ lassen

Partizipation

- Gespräch suchen, evtl. mit Handpuppen oder Kuscheltier
- trösten, Verständnis zeigen
- die Tat, nicht den Täter verurteilen
- spiegeln, wie man sich evtl. selbst gefühlt hat
- Schäden, die vielleicht entstanden sind, sollte das Kind oder der Jugendliche möglichst wieder in Ordnung bringen. Dabei braucht es/er aber Unterstützung und positive Zuwendung, damit nicht der nächste Frust entsteht.

Beispiel → Frustrationen

Frau M. fährt mit ihrer 16-jährigen Pflegetochter Anna zusammen in das schwedische Möbelhaus, um einen neuen Kleiderschrank für Annas Zimmer zu kaufen. Anna ist begeistert und sucht ihn selbst aus. Das gute Stück wird bezahlt und mit vereinten Kräften ins Auto geladen.	Bis hierhin läuft alles gut. Anna wird in den Einkauf mit einbezogen und kann eigene Wünsche umsetzen. ! Nach diesem erreichten Ziel wäre der Einbau einer Pause sinnvoll. ▪ Der erste Schritt zum neuen Schrank ist beendet. Das Ergebnis kann gefeiert werden.
Wieder zu Hause angekommen, will Anna, hoch motiviert, direkt mit dem Aufbau des Schrankes beginnen, obwohl sie eigentlich Hunger haben müsste. Entgegen Frau M's Rat beginnt Anna direkt allein mit dem Aufbau.	Frau M. nimmt Annas Ungeduld wahr, lässt sie dann gegen ihren Rat aber mit dem Aufbau beginnen, sie selbst gönnt sich die verdiente Pause. Anna würde davon profitieren, ihre Ungeduld gespiegelt zu bekommen und verständnisvoll, mit freundlicher Stimme zu einer Pause aufgefordert zu werden. ▪ Frau M. könnte ihr eigenes Bedürfnis nach Stärkung und Pause vermitteln. Sinnvoll wäre der Hinweis, dass eine Stärkung den Aufbau besser gelingen lässt. ▪ Ein konkreter Plan zum weiteren Ablauf hätte sie entlastet.

Frau M's Pause wird von lautem Schimpfen unterbrochen. Anna sitzt völlig frustriert und überfordert über der Aufbauanleitung in ihrem Zimmer. Frau M. wirft einen Blick auf die Anleitung und sieht, dass Anna die Bretter verkehrt herum liegen hat und außerdem die falschen Schrauben benutzt hat. Sie weist Anna auf die Fehler hin und behebt diese selbst.	Frau M. macht Anna auf ihre Fehler aufmerksam und korrigiert diese selbst. **!** Hier bekommt Anna unbeabsichtigt die Rückmeldung, versagt zu haben und erhält nicht die Chance, ihren Fehler selbst zu erfassen und in Ordnung zu bringen. ▪ Dieses führt zu Frustration und Kränkung. ▪ Eine mögliche Intervention wäre, wenn Frau M. Anna jetzt freundlich zu einer Pause bewegen könnte. ▪ Tröstende, verständnisvolle Worte könnten hier die Situation entschärfen.
Anna ist total frustriert und murmelt vor sich hin, dass sie auch dafür mal wieder viel zu blöd sei und ja sowieso nichts hinbekomme. Sie sitzt starr neben ihrer Pflegemutter und macht nichts.	Anna ist jetzt schon sehr frustriert. **!** Noch ist es nicht zu spät. Anna würde eine Strukturierung der Situation mit Verständnis, Trost und Unterbrechung (mit ihr den Raum verlassen) guttun. ▪ Frau M. könnte Anna, zur Unterstützung ihres Selbstbildes, mitteilen, dass auch sie häufig Fehler mache, wenn sie hungrig, ungeduldig und müde sei.
Frau M. wird ungeduldig und ärgerlich. Sie fordert Anna auf, nun endlich mitzuhelfen und nicht nur herumzusitzen, schließlich sei es Annas Kleiderschrank und nicht ihrer und außerdem hätte Anna den	Frau M. ist nun auch an ihren Grenzen angelangt. **!** Frau M. könnte in authentischer Weise für Anna und sich selbst sorgen.

Kleiderschrank sofort aufbauen wollen und nicht sie selbst. Eigentlich hätte sie sich um andere Dinge kümmern wollen.

- Sie könnte für Anna ihre Gefühle (hier Ungeduld und Ärger) in Worte übersetzen und Anna den adäquaten Umgang damit vorleben.
- Frau M. sollte Anna ihre eigenen Bedürfnisse und ihre Unlust verständlich mitteilen und für beide eine Pause in einem anderen Raum einbauen.

Anna läuft rot an, springt wutschnaubend auf, schnappt sich einen Hammer und schlägt auf den Schrank ein. Dabei beschimpft sie ihre Pflegemutter unflätig und bedroht sie.

Eskalation der Situation

- Frau M. sollte den Schaden minimieren, indem sie eine klare, laute Ansprache in Befehlsform hält. Hier ist ein deutliches Nein angebracht.
- Zur Not sollte sie sich durch einen räumlichen Abstand in Sicherheit bringen.
- Frau M. sollte hinterher Schadensregulierung betreiben, z. B. durch Aufarbeitung der Situation, Trost spenden, in den Arm nehmen (evtl. Medium zwischenschalten, z. B. Einsatz einer Handpuppe), konkrete Reflexion der Geschehnisse mit Benennung der involvierten Gefühle aller Beteiligten.
- Den Schaden und das Chaos nach der Eskalation kann Anna mit der Hilfe von Frau M. beseitigen.
- Die Konsequenzen aus Annas Handlung und eine Lösung des Schrankproblems müssen gemeinsam besprochen und durchgeführt werden.

Wegweiser 4 – Antriebslosigkeit/Rückzugsverhalten

Aus ständig wiederkehrender Wut, Trauer, Frustration, Einsamkeit, aus dem Gefühl heraus, anders zu sein oder abgelehnt zu werden, aus Überforderung oder Ermüdung, aus einer depressiven Stimmung heraus oder als Verweigerungsstrategie kann es bei Menschen mit FASD zu **Antriebslosigkeit** und/oder zu einem **Rückzugsverhalten** kommen!

Siehe:

Die Basis allen Lernens:
- **Selbstregulation**
- **Soziale Interaktion**
- **Frustration**
- **Handlungsplanung**

Dies kann sich z. B. zeigen durch:
- Isolation
- Desinteresse
- fehlende Motivation
- Schulprobleme
- Verweigerung

Rückzug und Antriebslosigkeit sind häufige Begleiter der Pubertät eines jeden Heranwachsenden, die bei der Behinderung FASD allerdings ausgeprägter und langanhaltend auftreten können.
Die vielfältigen Wahrnehmungsstörungen, die oft verzögerte und unreife Entwicklung und der ohnehin schon schwierige Übertritt ins Erwachsenenalter machen es den von FASD Betroffenen noch schwerer.
Eine Menge Geduld, eine gute Portion Humor und Durchhaltevermögen sind gefragt, um unsere Schützlinge durch diese Zeit zu manövrieren.

Lösungsvorschläge

Prävention
- Struktur schaffen und anbieten
- Situationen vordenken, gedanklich unterteilen
- Informationen der Umwelt „filtern“, strukturieren und nur stückchenweise, je nachdem wie der Mensch mit FASD zugänglich ist, an diesen verständlich weitergeben

- „simultan“ übersetzen: das, was von der Umwelt auf unsere Kinder zukommt, aber auch ihre Bedürfnisse und Äußerungen ihrem Umfeld erklären
- Überforderung durch ein „Zuviel“ an Aktivitäten, Eindrücken, unverstandenen Situationen, Gesprächen, Erklärungen vermeiden
- den Kindern und Jugendlichen helfen, realistische Pläne und Ziele zu machen, damit sie sich nicht selbst überfordern und dann schrecklich enttäuscht über sich sind
- Selbstwertgefühl steigern, durch Aufzeigen der Stärken
- Gefühle und Probleme besprechen, teilen, auffangen
- durch Erklären eigener Gefühle und Spiegeln der vermeintlichen Gefühle unserer zu Betreuenden helfen, Zugang zu ihren Gefühlen und Wünschen zu bekommen
- Kritik dosieren und konstruktiv anbringen
- Erfolge loben
- gute Zeit miteinander verbringen, die Beziehung pflegen
- Dinge, die man selbst gerne tut, ein Stück weit mit den Kindern und Jugendlichen teilen (z. B. gärtnern, nähen, mit Holz arbeiten, wandern, die Natur erforschen)
- Körperkontakt anbieten (in den Arm nehmen, drücken, den Rücken kraulen)
- Freundschaften möglichst früh fördern und unterstützend pflegen helfen
- Gemeinschaft und Austausch mit anderen Menschen mit Behinderung suchen
- Sport treiben, früh eine tragfähige Gruppe oder einen Verein finden
- Selbstwertgefühl steigern
- bei Arbeitsaufträgen auf eine immer gleiche Wortwahl achten, vorhersehbar sein
- Krafttier oder Maskottchen zur Unterstützung in einer angstmachenden Situation mitgeben

Direkte Reaktion

- Körperkontakt anbieten (in den Arm nehmen, drücken, den Rücken kraulen)
- einen geschützten Rückzugsort schaffen
- in Ruhe lassen, gleichzeitig vermitteln: „Ich bin da, wenn du mich brauchst, mein Beziehungsangebot steht, ich lasse dich nicht fallen!“
- Tee oder etwas Leckeres zu essen anbieten, um das Kind oder den Jugendlichen aus seiner Isolation herauszuholen
- immer wieder kurz nach ihm schauen und einen Kontakt anbieten
- Rückzug akzeptieren, nicht mit Macht dagegen arbeiten, da dies nur zu noch größeren Blockaden führen kann

- Zugang suchen über das „Dazwischenschalten" eines Mediums, z. B. Handpuppen oder Gegenstände, die sprechen und eine „neutrale" Rolle übernehmen können

Partizipation

- sich mit dem Kind oder Jugendlichen für entstandene Fehlzeiten entschuldigen und das „Warum" erklären
- den Menschen mit FASD dabei unterstützen, das durch die Verweigerung oder den Rückzug Versäumte wieder aufzuholen
- mit dem Kind oder Jugendlichen gemeinsame Strategien, Pläne überlegen, wie man diese Situation beim nächsten Mal besser bewältigen kann, ohne sie wieder vermeiden zu wollen
- es kann auch sein, dass man sich (vielleicht auch selbst) von manchen Hobbys, Aktivitäten und Ansprüchen verabschieden muss, vielleicht auch nur vorübergehend, weil sie eine Überforderung für den Menschen mit FASD darstellen

Beispiel → Antriebslosigkeit/Rückzugsverhalten

Die 14-jährige Svenja soll heute duschen oder baden gehen. Sie geht aber nicht, sondern hat sich in ihrem Zimmer bei lauter Musik verschanzt. Es gibt eine klare Vereinbarung, dass Svenja dienstags, donnerstags und samstags duscht. Trotzdem hält sie sich nicht daran, wie auch viele andere feste Vereinbarungen immer wieder von ihr boykottiert werden. Ständig gibt es Ärger wegen banalster Alltagsfragen, Schulbesuch, Ordnung, Körperpflege und Hygiene und dem Einhalten von Terminen.

Es gibt klare Absprachen und Strukturen, die es Svenja einfacher machen sollen, ihren Alltag zu bewältigen. Aber viele Dinge klappen leider trotzdem nicht.

Weniger ist manchmal mehr! Gut ist es zu schauen, ob man den Alltag eines Menschen mit FASD noch mehr entlasten und entzerren kann, um Überforderung zu vermeiden.

Frau M. gibt sich einen Ruck und startet noch einmal einen Versuch, Svenja zu erreichen, indem sie mit einer Handpuppe am Arm Svenjas Zimmer betritt.

Super! Frau M. konnte über ihren eigenen „Unmutschatten" springen und zum wiederholten Mal auf Svenja zugehen.

Mit der Handpuppe spricht Svenja jetzt auch und erzählt ihr, dass sie traurig darüber sei, dass sie wieder Streit mit ihrem Freund hatte und dass sie sowieso niemand mag. Deshalb hätte sie gar keine Kraft, duschen zu gehen.

Ein Medium – hier die Handpuppe – zwischenzuschalten, bietet Svenja Sicherheit und den nötigen Abstand.

- Sie kann auf ihrer Ebene erreicht werden, ohne sich bloßgestellt zu fühlen.
- Svenja kommt an ihre eigenen Gefühle heran und kann diese aussprechen und den Grund für ihre Weigerung erklären.
- Sie erfährt Zuwendung und Hilfe.

Über das Gespräch mit der Handpuppe kann sich auch Frau M. wieder Svenja nähern und sie schließlich in den Arm nehmen, ihr über den Rücken streichen und sie trösten. Sie ermutigt sie, ein Entspannungsduftbad zu nehmen, was sie selbst auch oft tue, wenn sie sich schlecht fühle. Dann würde es Svenja bestimmt wieder besser gehen.

Durch das Medium Handpuppe hat Frau M. wieder Zugang zu Svenja bekommen und kann ihr helfen.

Frau M. spendet Trost durch Nähe und Körperkontakt.

- Sie nimmt Svenja in ihrer Not ernst.
- Durch die Schilderung ihrer eigenen Gefühle öffnet sie sich für Svenja und kann ihr einen Lösungsweg aufzeigen.

Frau M. hilft Svenja, einen frischen Schlafanzug herauszusuchen und verspricht ihr, ihr die Haare zu waschen und diese danach schick zu föhnen. Die Handpuppe trägt ihr noch als Unterstützung die Unterhose ins Bad. Gemeinsam lassen sie duftendes Badewasser einlaufen und Svenja steigt fröhlich in die Badewanne.

Jetzt ist alles in Ordnung. Svenja scheint sich unterstützt und angenommen zu fühlen. Ihre Blockade ist gelöst, der Zugang zu ihr wiedergefunden.

Frau M. unterstützt nun Svenja durch ihre konkrete Mithilfe.

- Auch die körperliche Nähe bleibt durch die Haarpflege erhalten.
- Das Medium, die Handpuppe, bleibt auch weiter als Unterstützung anwesend.
- So erlebt Svenja das Baden als etwas sehr Positives und Schönes.

Wegweiser 5 – Regression

Menschen mit FASD verfallen häufig in **Regression/ Rückentwicklung,** weil sie sich überfordert fühlen, aus Angst, weil Konflikte ungelöst sind, aus einem Gefühl der Bedürftigkeit und der Hilflosigkeit heraus und/oder als Strategie, mit Traumata umzugehen.

Siehe:

Die Basis allen Lernens:
- **Frustration**
- **Soziale Interaktion**
- **Selbstregulation**

Das kann sich wie folgt äußern:
- das gezeigte Verhalten entspricht dem eines viel jüngeren Kindes
- Einnässen, Einkoten
- Selbstbefriedigung in der Öffentlichkeit
- Daumen-, Fingerlutschen
- Reden in „Babysprache“
- Suche nach viel Körperkontakt
- nirgendwo alleine hingehen (ohne die Bezugsperson)
- Heulen, Schreien und Toben, statt sich verbal zu äußern
- das Haus oder Bett nicht mehr verlassen wollen
- sich nicht waschen, kämmen und pflegen (sich vernachlässigen)
- nicht genug oder das Falsche essen und trinken

Lösungsvorschläge

Prävention
- das Kind/den Jugendlichen mit seinen Ängsten ernst nehmen
- schwierige Situationen vordenken, mit dem Kind/Jugendlichen besprechen und es/ihn begleiten
- wiederkehrende Situationen einüben, um dem Kind/Jugendlichen Sicherheit zu geben, um sich dann selbst langsam nach Absprache und Ermutigung aus der Situation zurückzuziehen
- in manchen Bereichen noch einmal in ein jüngeres Entwicklungsalter „zurückgehen“, um dort nicht erfahrene Dinge nachzuholen und das Kind dort „abzuholen“, wo es steht, z. B. es eng in eine Decke einwickeln und auf dem Schoß wiegen, Bilder mit dem Finger auf den Rücken malen, warme Milch aus der Saugflasche trinken lassen usw.

- durch Tagesroutine, immer gleiche Abläufe und Einschätzbarkeit von Situationen und Reaktionen Sicherheit geben
- einen „sicheren Ort" schaffen; mit dem Kind Bett, Zimmerecke als Höhle oder Rückzugsort gestalten
- als Vermittler anderen Kontaktpersonen des Kindes deutlich machen, dass das Kind Sicherheit, Verlässlichkeit, Klarheit und Struktur braucht, um zurechtzukommen; Verständnis dafür wecken, dass es nicht böswillig handelt, wenn es mit ungeklärten, nicht vorbereiteten Situationen nicht adäquat umgehen kann
- immer wieder das Kind/den Jugendlichen dazu ermutigen zu überlegen, was es/er gerne tut, es/ihn dann ermutigen und unterstützen, dies auch in die Tat umzusetzen
- das Kind/den Jugendlichen nicht mit zu vielen Aktivitäten überfordern, Ruhepausen einlegen
- Dinge, Hobbys des Kindes/Jugendlichen gemeinsam erleben
- viel loben, wenn das Kind/der Jugendliche etwas „geleistet" hat

Direkte Reaktion, Partizipation

- den jungen Menschen trösten und annehmen, wenn er sich wegen Überforderung aus einer Situation zurückzieht
- vielleicht auch erst in Ruhe lassen an seinem „sicheren Ort", gleichzeitig signalisieren, dass man da ist, um zu unterstützen und zu trösten
- die Situation besprechen und die Ängste aussprechen und klären, Gefühle „sichtbar" machen
- in die Angst machende Situation begleiten und sich dann stückweise zurückziehen, so wie es das Sicherheitsgefühl des Kindes/Jugendlichen zulässt
- Waschen und Pflegen als etwas Angenehmes gestalten, z. B. ein gemeinsam ausgesuchtes Duftöl ins Badewasser geben; dem Kind/Jugendlichen anbieten, ihm die Haare zu waschen oder eine schöne Frisur zu kreieren, den Rücken mit Lotion zu massieren usw.

Beispiel → Regression

Katja ist 16 Jahre alt und besucht die Oberstufe einer Förderschule. Dort versucht man, die Schüler auf das spätere Berufsleben vorzubereiten. Katja soll nun ein zweiwöchiges Praktikum in einer Werkstatt für Menschen mit Behinderung im Bürobereich absolvieren. Den Bereich hat sie sich selbst ausgesucht.

Katja ist dort, wo eigentlich auf ihre Bedürfnisse eingegangen wird. Sie durfte selbst wählen, wo sie ihr Praktikum macht.

! Auch wenn Katja selbst wählen konnte, heißt das noch nicht, dass der von ihr gewählte Praktikumsplatz richtig für sie ist und sie in der unmittelbaren Situation zurechtkommt!

Am ersten Morgen des Praktikums steht Katja nicht auf. Erst am zweiten Tag ist sie bereit, mit Unterstützung ihres Pflegevaters, der sie zum gemeinsamen Treffpunkt bringt, überhaupt aufzubrechen.

Katja braucht lange, bis sie die Situation verarbeitet hat, und kann auch dann nur mit Unterstützung ihre Aufgabe erfüllen.

! Haben Sie Geduld mit Ihrem Kind und sich selbst.

- Druck und Schimpfen hilft nicht, sondern gefährdet die Beziehung.
- Weisen Sie die Umwelt, hier Schule und Werkstatt, auf die Probleme Ihres Kindes hin und fordern Sie Verständnis und Unterstützung.

Nachmittags kehrt Katja total erschöpft vom Praktikum zurück. Sie geht weder abends duschen noch möchte sie am Abendessen teilnehmen. Sie zieht sich in ihr Bett zurück.

Die Arbeit in der Werkstatt und die vielen neuen Eindrücke haben Katja sehr gefordert, wenn nicht sogar überfordert. Sie verfällt in Rückzug und Regression.

- Es ist gut, ihr die Rückzugsmöglichkeit zu lassen.
- Es ist gut, sie nicht weiter unter Druck zu setzen, z. B. die Regel einzufordern, dass alle am Abendessen teilnehmen müssen.

Katjas Pflegemutter bietet ihr an, Wasser in die Badewanne einlaufen zu lassen und ein Duftöl hineinzugeben. Gleichzeitig hat Katja mit ihr ausgehandelt, dass sie in der Wanne ein Hörbuch hören darf. Frau M bietet ihr auch an, die Haare zu waschen und dabei eine Kopfmassage zu machen, was Katja sehr liebt. Nun fängt Katja an, von ihrem Praktikum zu erzählen, was Spaß gemacht hat, aber auch von dem, was sie verunsichert bzw. ihr nicht gefallen hat. So hat Frau M. die Möglichkeit, Katja besser zu verstehen und positiv und unterstützend auf sie einzuwirken.

Frau M. holt Katja dort ab, wo sie sie erreicht. Sie tut ihr etwas Gutes.

- Überlegen Sie, was Ihr Kind gerne mag, um es zur Körperpflege zu ermutigen.
- Fragen Sie sich: Was tut Ihrem Kind gut, was könnte ihm jetzt helfen?
- Wichtig ist, das Vertrauen und den Zugang wiederzugewinnen, um das Kind zu unterstützen und zu ermutigen.

Wegweiser 6 – Im Mittelpunkt stehen wollen

Viele Menschen mit FASD wollen gerne **ständig im Mittelpunkt stehen.** Aufgrund ihrer eigenen Unfähigkeit, sich selbst zu beschäftigen, Handlungen angemessen zu strukturieren und wahrzunehmen brauchen sie die ständige Aufmerksamkeit ihres Gegenübers.

Siehe:

Die Basis allen Lernens:
- **Handlungsplanung**
- **Sensorische Integration**
- **Soziale Interaktion**

Das kann sich folgendermaßen äußern:

- binden die Aufmerksamkeit des Umfelds (Familie, Pflegemutter/-vater, Schulklasse, Lehrer ...)
- sind eifersüchtig, schreien, toben bei zu wenig Beachtung
- verursachen penetrante Geräusche und/oder anhaltenden Redeschwall
- fallen anderen in der Gruppe ins Wort, lassen andere nicht ausreden oder ungestört ihre eigenen Interessen verfolgen, unterbrechen immer wieder
- finden keine eigenen Freunde und können Kontakte nicht pflegen
- Distanzlosigkeit, Übergriffigkeit

Lösungsvorschläge

Prävention

- dem Menschen mit FASD bewusst Zeit schenken, ihm Aufmerksamkeit widmen, seinen Initiativen folgen, um Zugang zu seiner Welt zu bekommen
- gemeinsame regelmäßige Aktivitäten in den Alltag integrieren, z. B. gemeinsam im Garten arbeiten, zusammen kochen oder backen, Räume gestalten oder umräumen; sich dabei am Tempo, an den Fähigkeiten und der Ausdauer des Menschen mit FASD orientieren, damit das gemeinsame Tun für ihn eine positive Erfahrung wird und ihm nicht wieder seine Grenzen vor Augen führt
- wichtige Gespräche oder Verabredungen auf die Zeiten verlegen, wenn die von Ihnen betreuten Kinder/Jugendlichen mit FASD anderweitig gut betreut sind
- sich Freiräume und Entlastung schaffen, um etwas alleine, als Paar oder als Kernfamilie unternehmen zu können, und dabei kein schlechtes Gewissen

haben, denn es füllt Ihre „Batterien" wieder auf und dient somit auch Ihrem Kind oder Jugendlichen

- klare Abgrenzung ist keine Ablehnung! eigene Räume bewahren („Im Ehebett liege ich nur mit Papa, auf dem Sofa kuscheln wir alle zusammen!")

Direkte Reaktion

- eifersüchtiges Verhalten, wenn irgend möglich, ignorieren und außerhalb der Situation besprechen; es ist sinnvoll, Signale zum „HALT" zu verabreden
- klare Absprachen treffen wie: „Wenn ich telefoniere, gehst du aus dem Raum und kannst dir ein Buch anschauen! Ich bin danach wieder für dich da!"

Beispiel → Im Mittelpunkt stehen wollen	
Joel ist 5 Jahre alt. Er legt mit seinem Onkel ein neues Puzzle. Zusammen haben sie viel Spaß, bis Joel lieber allein weitermachen möchte. Der Bruder kommt in den Raum, um seine Sportsachen zu holen. Der Onkel hockt sich neben den Bruder und lässt sich dessen neue Sportausrüstung zeigen.	Alles ist in bester Ordnung. Joel spielt zunächst mit seinem Onkel, danach möchte er lieber allein spielen. Nun kommt jemand Drittes dazu, für den sich der Onkel interessiert.
Sofort fängt Joel, am Tisch puzzelnd, lautstark an zu singen. Da ihn niemand beachtet, beginnt Joel zusätzlich auf den Tisch zu hämmern.	Joel fühlt sich nicht mehr genug beachtet und versucht durch auffälliges Verhalten wieder mehr Beachtung zu bekommen. Es wäre gut, Joel sein Verhalten zu spiegeln, indem man ihm klar sagt, dass es stört. Er hatte bisher die Aufmerksamkeit seines Onkels, nun liegt das Interesse bei seinem Bruder. Ein klares **„HALT"** wäre angebracht.

Da der Bruder und der Onkel unbeirrt ihr Gespräch fortsetzen, drängt sich Joel zwischen sie und versucht, dem Onkel etwas zu sagen. Dabei ist Joel laut und distanzlos, er stupst den Onkel ständig am Arm an.	! Joel hat mit seinem lauten Verhalten keinen Erfolg. Er hört jetzt aber nicht auf, sondern steigert seine Aktivität noch, um Aufmerksamkeit zu erringen. ▪ Um spätestens jetzt die Situation zu deeskalieren, müsste man Joel ohne viele Worte und viel Zuwendung Einhalt gebieten ▪ oder mit dem Bruder selbst den Raum verlassen, um Joel die „Bühne" zu entziehen.
Als der Onkel auf Joel nicht so reagiert, wie er sich das wünscht, fasst er dem Onkel ins Gesicht, um es in seine Richtung zu drehen.	Jetzt wird Joel wirklich „übergriffig".
Der Onkel ist zuerst irritiert, dann schnappt er sich Joel und führt ihn aus dem Zimmer, mit dem Hinweis, dass er im Moment keine Zeit für ihn hätte, aber Joel so lange in sein Zimmer gehen könnte, um eine CD zu hören. Er würde dann später zu ihm kommen.	Der Onkel reagiert verzögert, aber dann doch richtig! ! Es ist wichtig, klar und eindeutig zu reagieren, möglichst eindeutige klare Signale zu geben und dem Kind ansonsten wenig Aufmerksamkeit (auch negative) zu schenken. ▪ Im Gegenzug ist es wichtig, einen eindeutigen Hinweis zu geben, wie sich das Kind verhalten soll und wann wieder Zeit für gemeinsame Aktivität ist.

Wegweiser 7 – Selbstständigkeitsentwicklung

Weil eigene Wünsche und Bedürfnisse schlecht wahrgenommen und verbalisiert werden können, es ihnen an den Möglichkeiten zur Handlungsplanung mangelt und ihr Arbeitsgedächtnis beeinträchtigt ist, sind Menschen mit FASD in ihrer **Selbstständigkeitsentwicklung meistens stark beeinträchtigt!**

Siehe:

Die Basis allen Lernens:
- **Wahrnehmung**
- **Handlungsplanung**
- **Arbeitsgedächtnis**

Das kann sich wie folgt äußern:
- Termine werden aus Unlust, Überforderung oder Angst nicht wahrgenommen
- es wird nicht die Notwendigkeit gesehen, eine Verabredung oder Verpflichtung einzuhalten
- eigene Ziele können weder verbalisiert noch verfolgt werden
- Bedürftigkeit
- Opfermentalität

Lösungsvorschläge

Prävention
- Wochen- oder Tagesplan oder Checkliste für einen überschaubaren Zeitraum erstellen, um Tätigkeiten und Termine abhaken zu können, dabei Pausen und freie Zeit einplanen
- Termine vorbesprechen, Wege abgehen, Handlungsschritte vorplanen und an Uhrzeit und Ort erinnern
- ältere Kinder eigenen Terminkalender führen lassen
- über Handy als „Sicherheitsleine“ in Kontakt bleiben
- feste, aber übersichtliche Pflichten/Aufgaben zuteilen und auf deren Erledigung bestehen, jede übertragene Aufgabe ist ein Vertrauens- und Zutrauensbeweis
- mit Angst oder Unsicherheit besetzte Termine begleiten oder einen Freund bitten, mitzugehen
- bei Erledigung unliebsamer Aufgaben loben („Ich finde es toll, dass du den Termin erledigt hast, obwohl du erst keine Lust hattest!“)

- Zutrauen vermitteln („Ich weiß, dass du das schaffen wirst!"), Mut machen
- positives Denken fördern
- zwei verschiedenfarbige Kästchen zur Verfügung stellen. In eines kommen Kärtchen mit Arbeitsaufträgen für den Tag/Tagesabschnitt. Die abgearbeiteten Arbeitsaufträge dürfen in das andere Kästchen abgelegt werden.
- zu eigener Gelassenheit finden: „Nur wer hinfällt, kann auch wieder aufstehen!"

Direkte Reaktion

- an den Termin erinnern
- einfordern, sich an Absprachen und Versprechen zu halten
- über Handy/Smartphone als „Sicherheitsleine" in Kontakt treten
- in Schutz nehmen, als „Kommunikator dienen", Botschaften des Menschen mit FASD für andere „übersetzen" und umgekehrt
- eine schwierige Situation begleiten, entweder durch reale Anwesenheit, durch „Handy-Sicherheitsleine" oder durch einen kleinen Botschafter (z. B. ein kleines Kuscheltier in der Tasche) als mentale Unterstützung

Partizipation

- Situationen nachbesprechen, die nicht funktioniert haben; besprechen, wo die Schwierigkeiten gelegen haben, wie man das nächste Mal besser und überlegter handeln könnte und was für den Menschen mit FASD aus seiner Sicht hilfreich wäre (Eigenverantwortlichkeit)
- bei Nichteinhaltung von Terminen mit dem Betroffenen zusammen hingehen oder anrufen, um sich zu entschuldigen
- loben, wenn es gelungen ist

Beispiel → Selbstständigkeitsentwicklung

Die 15-jährige Marie legt den Weg zu ihrer Schule mit öffentlichen Verkehrsmitteln zurück. Sie hat den Weg viele Male mit ihren Eltern geübt und fühlt sich nun sicher genug, um diese Aufgabe alleine zu bewältigen.

Marie hat durch das Einüben einer Situation an Selbstständigkeit gewonnen. Sie kann den Schulweg allein meistern. Super!

Wege einüben

- Situationen durchsprechen
- gemeinsam überlegen, was zu tun ist, wenn die bekannte Situation auf einmal verändert ist (Notfallplan)

Mehrere Wochen hat alles gut geklappt. Heute fährt Maries Bahn allerdings nicht wie gewohnt. Auf der Anzeigentafel kommt keine Ansage mehr, wann die nächste Bahn fahren wird. Marie weiß nicht, was sie jetzt tun soll.

Marie ist durch die veränderte Situation total verunsichert und überfordert. Dadurch ist sie nicht in der Lage, der Situation entsprechend zu handeln.

Wichtig wäre, Marie darauf vorzubereiten, dass Verkehrsmittel ausfallen können,

- mit ihr unterschiedliche Handlungsmöglichkeiten zu besprechen, z. B. abzuwarten, andere Bahn- oder Buslinien zu benutzen oder
- sich an bestimmten Klassenkameraden zu orientieren.
- Ein Handy/Smartphone für den Notfall, damit Marie Rücksprache halten kann, wie sie sich in der veränderten Situation verhalten kann, wäre sinnvoll!

Maries Klassenkameraden machen sich zu Fuß auf den Heimweg. Marie ist verunsichert. Sie hat ihren Eltern versprochen, direkt nach der Schule auf dem eingeübten Weg nach Hause zu kommen. So bleibt sie allein zurück. Die Bahn kommt aber immer noch nicht. Die vertrauten Personen sind auch weg. Schließlich macht sich Marie allein und stark verunsichert auf den Weg, den, wie sie beobachtet hat, ihre Klassenkameraden auch gewählt haben.

Marie ist nicht in der Lage, Möglichkeiten gegeneinander abzuwägen und sich flexibel für eine sinnvolle und der Situation entsprechende Handlungsweise zu entscheiden. So kann sie sehr schnell zum „Opfer" werden.

Ein Handy/Smartphone würde in dieser Situation viele Unsicherheiten vermeiden, weil Marie zu Hause Bescheid sagen, sich mit den Eltern absprechen und nach Lösungsmöglichkeiten für diese Situation suchen könnte. Sie wäre nicht alleine!

An diesem Nachmittag wartet Maries Mutter über eine Stunde auf Maries Rückkehr. Sie versucht vergeblich, in Maries Schule anzurufen. Es klingelt an der Tür. Dort steht eine Nachbarin mit der weinenden Marie.

Eine Nachbarin, die mit dem Auto unterwegs gewesen ist, hat Marie weinend an der Straße zwischen Schule und Zuhause gesehen und sie mitgenommen. So kommt Marie sicher nach Hause.

Maries Mutter steht der Situation hilflos gegenüber und hat wenig effektive Möglichkeiten zu handeln. Zum Glück gibt es die Nachbarin, die „beherzt" handelt und Marie aus ihrer unsicheren Situation „rettet" und sie nach Hause bringt.

Es ist gut, ein informiertes Umfeld, Freunde und Nachbarn zu haben, um das „Sicherheitsnetz" um unsere jungen Menschen mit FASD zu „spannen".

- Es ist beruhigend zu wissen, dass man auf die Hilfe und Unterstützung anderer zurückgreifen kann.

! Entscheidend ist aber, dass diese Menschen verlässlich sind und die Unsicherheit der Menschen mit FASD nicht ausnutzen, sondern sie im Gegenteil unterstützen und beschützen wie in diesem Beispiel die Nachbarin.

- Wichtig ist, die Situation mit dem Kind oder Jugendlichen nachzubesprechen und dabei
- die Handlungskette aufzugliedern und einzelne Möglichkeiten zu überlegen, wie man hätte handeln können.

Wegweiser 8 – Schlafstörungen/Albträume

Unverarbeitete Erlebnisse, psychische Anspannung, ungelöste Probleme, Überforderung und andere schwierige Belastungen sowie Probleme, sich selbst in seinem Körper richtig zu spüren, können zu **Schlafstörungen** führen oder **Albträume** verursachen.

Siehe:

Die Basis allen Lernens:
- **Selbstregulation**
- **Wahrnehmung**

Das kann sich äußern in:
- Weigerung, ins Bett zu gehen
- nach dem Zubettgehen immer wieder aufstehen, Licht anmachen, zu den Erwachsenen kommen
- Angst vor dem Einschlafen
- unruhigem Schlaf
- nächtlichen Schreiattacken
- ständiger Müdigkeit tagsüber
- Hyperaktivität tagsüber, um sich wach zu halten

Lösungsvorschläge

Prävention
- zusammen einen Traumfänger basteln, der böse Träume fängt
- durch feste Tagesabläufe einen sicheren Rahmen vorgeben (z. B.: „Schlafenszeit ist immer um 19 Uhr")
- für Ruhe und Entspannung zum Tagesende sorgen
- Gesehenes und Erlebtes nachbesprechen und erklären, weil Kausalitäten nicht gesehen oder verstanden werden und Gesagtes missverstanden wird
- ein Einschlafritual schafft Sicherheit (eine Gute-Nacht-Geschichte, ein Fingerspiel, ein Schlaflied und/oder eine „Kuscheleinheit")
- damit das Kind sich besser spürt, eine harte Matratze wählen
- Funktionswäsche statt Schlafanzug benutzen, weil sie eng anliegt und so den Körper begrenzt; dies hilft dem Kind, sich besser zu spüren, was dann Unsicherheit und Ängste mindert

- das Kind lagern; mit Sandsäcken, Kissen, Seitenschläferkissen Begrenzung schaffen
- das Bett nicht zu groß wählen
- das Kind in eine Decke einwickeln wie eine Mumie, nur der Kopf schaut heraus
- Anpassung von maßgeschneiderter, der Körperform angepasster Kleidung/Orthesen (z. B. SPIO-Input-Orthesen nach Nancy Hylton)
- ein Stofftier oder ein T-Shirt mit Ihrem Geruch, um das Gefühl von Geborgenheit zu fördern
- mit einer Spieluhr, nicht nur bei Babys und Kleinkindern, für eine sichere und vertraute Umgebung zum Einschlafen sorgen
- manchmal (z. B. in unbekannten, neuen Situationen oder bei angstbesetzten Ereignissen) ist ein „Simultanübersetzer" nötig; in diesem Fall jeden Handlungsschritt verbal begleiten und erklären
- den Medienkonsum des Kindes kontrollieren und begleiten
- möglich ist auch eine Einstellung auf ein Melatonin-Präparat, da bei vielen Menschen mit FASD der Melatonin-Haushalt gestört ist

Direkte Reaktion

- das Kind konsequent in sein Zimmer zurückbringen, möglichst ohne ihm zu viel Beachtung zu schenken
- sollte das nicht gelingen, es im Flur zurücklassen und die Türe des Zimmers schließen, in dem Sie sich aufhalten; das Kind auf keinen Fall noch weiter mit Ihnen fernsehen oder sich unterhalten lassen
- ins Zimmer gehen und das Kind mit ruhigen Worten trösten, es möglichst in den Arm nehmen
- über die Träume sprechen und das Kind trösten; notfalls klären, was Realität und was Traum ist
- mit Ihrem Kind die bösen Gespenster oder Gestalten „verjagen", die sich vielleicht in der Zimmerecke oder unter dem Bett versteckt haben
- mit dem Kind besprechen, was es tun kann, wenn ein Albtraum es weckt („Ruf nach mir, wenn du noch einmal schlecht träumst!")
- die Türe einen Spalt auflassen, damit das Kind sich nicht allein fühlt
- ein Kuscheltier als „Schutz" beim Kind lassen

Beispiel → Schlafstörungen/Albträume

Jan, 9 Jahre, ist am Nachmittag zum Spielen bei seinem Freund Kevin. Sie schauen einen „coolen“ Film. Jan findet den Film sehr gruselig, schaut ihn aber trotzdem zu Ende, weil er so mutig sein will wie sein Freund.

Jan will genauso „cool“ sein wie sein Freund. Er achtet nicht auf seine eigenen Bedürfnisse, aber er nimmt sie wahr, was gut ist. Nur leider handelt er nicht nach ihnen.

- Es wäre gut, Jan in seiner Eigenwahrnehmung zu stärken und ihn dazu zu ermutigen, ihr entsprechend zu handeln.
- Die Eltern seiner Freunde sollten über die Behinderung informiert sein, um zu vermeiden, dass Jan zu lange unbeaufsichtigt ist.

Abends zögert Jan das Zubettgehen immer weiter hinaus und kommt immer wieder aus seinem Zimmer.

Jan hat Angst und ist unruhig, teilt aber leider keinem mit, wie es ihm geht.

- Bei einem gemeinsamen Abendritual, in einer vertrauten Situation hätte Jan die Möglichkeit gehabt, über den „gruseligen“ Film und seine Gefühle zu sprechen.
- Spätestens nachdem er ständig wieder aus dem Zimmer gekommen ist, hätte man Jan fragen können, warum er so unruhig ist, und ihm evtl. helfen können.

Schließlich schläft er doch ein, wacht aber nach kurzem Schlaf schreiend wieder auf. Seine Pflegemutter kommt ins Zimmer, spricht ihn ruhig an, tröstet ihn, setzt sich auf die Bettkante und nimmt ihn in den Arm.

Jan wird von einem Albtraum geweckt. Frau K. kommt zu ihm und beruhigt ihn, steht ihm bei.

- Frau K. kommt direkt zu Jan. Das ist gut!
- Sie spricht ihn zunächst an und kann ihn dann in ihrer Nähe auf die Bettkante setzen, in den Arm nehmen und beruhigen.

Sie fragt ihn, was denn los sei. Jan antwortet, dass er etwas Schreckliches geträumt habe. Er berichtet weinend von dem gruseligen Film am Nachmittag. Frau K. erklärt ihm, dass das nur ein Film gewesen sei und es die dort gezeigten Monster im wirklichen Leben nicht geben würde.	Nach der ersten Beruhigung sucht Frau K. das Gespräch. Sie versucht, Realität und Fiktion zu erklären. Es ist sinnvoll, das Gespräch zu suchen, um erst einmal zu erfahren, ob Jan weiß, was ihm solche Angst macht. ▪ Es ist toll, dass Jan direkt den Zusammenhang zwischen dem Film am Nachmittag und seinem Albtraum erkennt.
Jan ist nur ein wenig beruhigt und meint, dass er Geräusche aus seinem Schrank gehört hätte. Daraufhin geht Frau K. zum Schrank, reißt die Schranktür auf und schreit hinein, dass sich alle Monster und Gespenster verziehen sollten, sonst würden sie es mit ihr zu tun bekommen. Dann knallt sie die Tür wieder zu. Jan ist nun beruhigt und kann schon wieder lächeln.	Jan ist nach dem Gespräch nur zum Teil beruhigt. Frau K. bemerkt dies und verscheucht die „Gespenster“. ! Es ist sehr wichtig, auf die Gefühle des Kindes zu achten. Wäre Frau K. jetzt aus dem Zimmer gegangen, hätte sich Jans Traum evtl. wiederholt, weil er durch die Erklärung nicht wirklich beruhigt ist. ▪ Frau K. erkennt dies und lässt sich auf eine spielerische Ebene ein und „verjagt“ Jans Gespenster, indem sie sie ernst nimmt und sie verscheucht und Jan damit zeigt, dass sie stärker als die Gespenster ist.

Jans Pflegemutter deckt ihn zu und drückt ihm seinen Kuschelbären, dem sie die Anweisung gibt, auf Jan aufzupassen, in den Arm.

Frau K. versorgt Jan noch gut und überträgt Jans Kuscheltier den Auftrag, auf ihn aufzupassen.

! Frau K. schafft Jan durch das Zudecken einen vertrauten, heimeligen Ort.

- Das Kuscheltier übernimmt stellvertretend die Verantwortung für Jan. Er ist also nicht alleine.

Dann verlässt sie den Raum, lehnt die Türe aber nur an, damit etwas Licht vom Flur ins Zimmer fällt und sie Jan hören kann, wenn er noch einmal Angst bekommt. Jan schläft ruhig ein.

Frau K. verlässt den Raum und Jan schläft beruhigt ein.

Die Zimmertür bleibt als Verbindung offen, Jan braucht sich also nicht allein und verlassen zu fühlen, obwohl er in seinem Zimmer bleibt.

! Frau K. kann Jan sofort hören, wenn er Hilfe braucht, ohne die ganze Zeit bei ihm zu sein.

Wegweiser 9 – Essverhalten

Siehe:

Die Basis allen Lernens:
- **Sensorische Integration**
- **Wahrnehmung**
- **Frustration**

Das **Essverhalten** bei Menschen mit FASD ist häufig gestört, weil ihre Körperwahrnehmung mangelhaft ist. Daraus resultiert oft der Wunsch nach starken Reizen, durch die sie sich selbst besser spüren können (Hunger und Durst sind starke Reize). Oft haben sie auch eine Vorgeschichte der Vernachlässigung, Verwahrlosung und Unterversorgung erlebt. Als Folge ihrer Frühgeburt oder von Anpassungsstörungen nach der Geburt sind sie häufig durch Sonden ernährt worden. Das beeinflusst die Körper- und Selbstwahrnehmung wiederum negativ und kann zu verschiedensten psychischen Problemen führen. Viele nehmen ihre eigenen Bedürfnisse und Körpersignale nicht angemessen wahr.

Das kann sich wie folgt äußern:

- Nahrungsverweigerung
- Nahrungsaufnahme wird zum „Zankapfel" mit der Bezugsperson, Machtkampf
- Verweigerung bestimmter Lebensmittel
- Ablehnung bestimmter Konsistenzen von Nahrungsmitteln (z. B. Joghurt mit Fruchtstücken)
- starkes Salzen oder Süßen von Nahrungsmitteln
- sich „vollstopfen"
- den Teller bis zum Anschlag füllen
- Angst, zu wenig zu bekommen, wieder unterversorgt zu sein
- Horten/Verstecken von Nahrungsmitteln im eigenen Zimmer
- Stören der Mahlzeiten durch auffälliges Verhalten, sitzt nicht still
- Schluckstörungen als körperliche Folge der Behinderung

Lösungsvorschläge

Prävention

- jüngere Kinder mit einem Edelstahllöffel füttern, um einen klaren Reiz zu bieten
- gemeinsam kochen und backen (was man selbst zubereitet hat, isst man auch lieber)
- Gemüse in püriertem Zustand oder als Suppe und im Eintopf anbieten, wird so oft lieber gegessen
- Speisen fantasievolle, kindgerechte Namen geben
- möglichst häufig gemeinsam und zu festen Zeiten essen
- klare Regeln bei den Mahlzeiten einführen, z. B.: „Jeder nimmt sich erst einmal zwei Löffel. Bevor man sich nachnehmen kann, wird gewartet, bis alle ihre erste Portion aufgegessen haben."
- Süßigkeiten portionieren, wenn nötig
- eine gemeinsame Kaffeerunde am Nachmittag einführen, bei der man gemeinsam Kekse, Schokolade oder auch Obst in gemütlicher Runde isst und sich unterhalten kann
- essen als etwas Soziales, Kommunikatives und Lustvolles vermitteln, eine entspannte Atmosphäre schaffen
- dem Kind vermitteln, dass immer genug da ist (z. B. Vorratsregale zeigen)
- viel loben, z. B. wenn besonders gute Tischmanieren gezeigt werden oder eine Portion gegessen worden ist
- manchen Menschen mit FASD fällt es leichter, Nahrung aufzunehmen, wenn sie abgelenkt sind (hören Sie z. B. Radio beim Essen)
- gleiche Sitzplätze beibehalten, für einen geordneten Essplatz sorgen und einen Stuhl mit möglichst viel Auflagefläche wählen

Direkte Reaktion

- sich nicht auf Machtkämpfe ums Essen einlassen (wie bei der Körperpflege, den Verkehrsregeln usw. gibt es hier nicht viel zu diskutieren)
- unerwünschtes Verhalten möglichst ignorieren
- anschaulich dem Alter und Entwicklungsstand entsprechend erklären, welche Folgen Mangel- und Fehlernährung für den Körper Ihres Kindes haben würden
- Ausnahmen erlauben, im Restaurant z. B. darf eine Limo/Cola zum Essen bestellt werden, die es zu Hause nicht gibt

Partizipation

- dem Kind ein Verständnis für seinen Körper vermitteln, das impliziert, dass regelmäßige und angemessene Nahrungsaufnahme wichtig und notwendig ist
- eine Tisch- und Essenskultur vorleben, die der Mensch mit FASD später übernehmen kann

Beispiel → Essverhalten	
Die 7-jährige Lara stört bei den gemeinsamen Mahlzeiten immer wieder am Tisch. Sie spricht laut und mit vollem Mund dazwischen, sodass kaum ein Gespräch möglich ist. Alle Familienmitglieder sind genervt.	Die Essenszeit ist für alle Familienmitglieder eine anstrengende Zeit. Wichtig wäre zu überlegen, wie man Lara helfen kann, damit die Mahlzeiten für alle entspannter ablaufen. ▪ Dafür ist es nötig, zu schauen, aus welchem Grund sich Lara so verhält, dass es alle anderen stört.
Die Eltern achten darauf, dass Lara dicht an der Tischkante direkt vor ihrem Teller sitzt und die Füße auf den Boden stellt. Manchmal, wenn sie sich sehr unruhig fühlt, legt Lara sich selbst einen selbst gemachten Sandsack zur Beschwerung auf die Oberschenkel, wie in der Schule. Neben ihr liegt ein alter Comic, in dem kann sie blättern, wenn sie sich nicht am Tischgespräch beteiligen möchte, um die anderen nicht zu stören.	Super, hier wird sich an Laras Bedürfnissen orientiert und ihr geholfen! ! Durch die ergriffenen Maßnahmen kann sich Lara gut spüren, was bei schlechter Eigenwahrnehmung sehr wichtig ist. ▪ Lara setzt eigene positive Erfahrungen – Sandsack gegen Unruhe, einen Comic anschauen, wenn sie dem Gespräch nicht folgen kann – selbst um. Das ist Hilfe zur Selbsthilfe!

Lara nimmt sich immer sehr viel Essen auf den Teller und schlingt es schnell hinunter.

Ihre Mutter sitzt direkt neben ihr und erinnert sie in regelmäßigen Abständen klar und direkt, die Lebensmittel gut zu kauen und mit reichlich Wasser nachzuspülen.

Laras Mutter kümmert sich um Lara und unterstützt sie positiv bei der Essensaufnahme.

Mit enger Begleitung und einer gut strukturierten, wiederkehrenden Essenssituation wird die Mahlzeit leichter und entspannter für alle.

Wegweiser 10 – Körperhygiene

Menschen mit FASD haben sehr häufig **Schwierigkeiten mit der Körperhygiene.** Diese resultieren aus mangelndem Körperbewusstsein, Antriebsarmut, einer mangelnden Einsicht in die Notwendigkeit, sich zu pflegen oder aus der Überforderung heraus, Handlungen zu planen und sich immer wiederkehrende Abläufe zu merken.

Siehe:

Die Basis allen Lernens:
- **Wahrnehmung**
- **Sensorische Integration**
- **Selbstregulation**

Das kann sich wie folgt äußern:
- Weigerung, sich zu duschen, zu waschen, Zähne zu putzen, sich die Haare zu kämmen
- sich nach dem Toilettengang nicht abzuputzen
- sich nach dem Toilettengang nicht die Hände zu waschen
- die Kleidung nicht zu wechseln, insbesondere die Unterwäsche oder Socken
- Vermeidung von Frisörbesuchen
- Finger- und Fußnägel werden nicht geschnitten
- Harn- und Stuhldrang werden ignoriert, es wird eingehalten
- Körperstellen oder -regionen werden bei der Reinigung ausgelassen
- ängstliche Reaktionen vor/bei der Körperpflege

Lösungsvorschläge

Prävention
- die Notwendigkeit von Körperhygiene verständlich erklären (sonst soziale Isolation, Gesundheitsschäden)
- Rituale einüben, mit Liedern, Reimen unterstützen
- einen festen Tagesplan einhalten, Körperpflege als Teil davon etablieren („Vor jedem Essen gehen wir aufs Klo und waschen uns die Hände!“)
- Wochenplan, Checkliste zusammen erstellen (z. B.: Jeder zweite Tag ist Duschtag, diesen farblich markieren)
- als Vorbild agieren (Kinder mit FASD lernen viel durch Nachahmung)
- schrittweise nötige Handlungen und Handgriffe einstudieren und sie ständig gemeinsam wiederholen; Bildkarten, Symbole, Farben zur Unterstützung nutzen

- „Beginn" der Körperpflege durch klare kurze Handlungsanweisungen begleiten, bis der „Einstieg" in Wanne oder Dusche geschafft ist. Konsequenz, Klarheit und Beharrlichkeit bieten einen Rahmen und erleichtern den Anfang (nicht nur beim Thema Körperpflege!)
- Wellnesstag einlegen (gegenseitig Gesichtsmaske auflegen, Nagellack auftragen, Smoothie nippen und ausspannen), Spaß und Wohlbefinden an Pflege vermitteln, Selbstwert stärken, Selbstbild schulen
- Pflegeprodukte selbst aussuchen oder einkaufen lassen
- gepflegtes Äußeres oder eine schöne Frisur loben und hervorheben, bewusst Komplimente machen
- Ängste besprechen (z. B. Wasser und Schaum in den Augen) und Angstmachendes minimieren (mit Taucherbrille baden und duschen), nützliche Hilfsmittel einbeziehen
- das Gefühl der Schwerelosigkeit und das Fehlen von Begrenzung in der Badewanne kann für Menschen mit Wahrnehmungsstörungen ein Problem sein. Lieber duschen lassen, mit Kleidung baden oder ein großes Handtuch in der Wanne auf den Körper legen, dies kann möglicherweise Abhilfe schaffen
- Hilfestellung bei komplexen Handgriffen geben, wie z. B. beim Zähneputzen oder Haarewaschen, hier kann das lange Zeit nötig sein (Kinder mit FASD im Grundschulalter und darüber hinaus können damit nicht selten motorisch überfordert sein)

Direkte Reaktion

- durch Vorankündigungen Erwartungen klarmachen („Ich möchte bitte, dass du heute nach dem Abendessen duschst! Es ist Montag.") und kurz vor der gewünschten Aktivität noch einmal daran erinnern („In fünf Minuten essen wir, danach musst du bitte duschen!")
- notfalls „unpädagogisch" intervenieren und z. B. die abendliche Fernsehsendung an die Bedingung „Duschen" knüpfen („Nur wer geduscht ist, schaut später fern!")
- Ihrem Kind die Folgen mangelnder Körperhygiene vor Augen führen

Partizipation

- das Kind selbst kreativ werden lassen
- so löst es aktiv sein Problem, es nimmt seine Wünsche und Bedürfnisse wahr, drückt sie aus und findet am besten noch allein die Lösung. Das ist Hilfe zur Selbsthilfe!

Beispiel → Körperhygiene	
Jason ist 5 Jahre alt. Er macht jedes Mal Theater, wenn er baden soll, obwohl er Wasser eigentlich mag. Seine Mutter besteht beharrlich und geduldig auf der Abmachung, dass jede Woche zweimal gebadet wird. Sie kündigt die Aktion früh an und erinnert Jason daran. Er weiß, dass er „mit oder ohne Theater" sonntags und mittwochs vor dem Schlafengehen baden „muss". Es gibt keine Ausnahmen, genauso wie beim Zähneputzen auch.	Trotz ständiger Abwehr bleibt die Mutter liebevoll konsequent. Das ist sehr gut und wichtig für Jason, da er eine klare Struktur und ein verlässliches Umfeld erlebt. ! Für Menschen mit FASD ist es grundlegend wichtig, immer gleiche Botschaften zu erhalten, um sich orientieren zu können. ▪ Trotzdem sollte der Umgang sehr liebevoll verstehend und haltend sein. ▪ Die immer wiederkehrende Ankündigung und Erinnerung ist wichtig.
Jason fällt es schwer, das Ende des Tages zu akzeptieren und sich zu motivieren, in die Wanne zu steigen. Es bedeutet, danach geht es ins Bett und der Tag ist vorbei. Wenn Jason in der Badewanne sitzt, fühlt er sich wohl und möchte nicht heraus.	Jason verknüpft hier zwei Dinge miteinander und macht dadurch die eine Sache nicht gerne, was schade ist und eigentlich nicht sein muss.

Wenn man die Verknüpfung erkennt, kann man sie ändern, und wie hier das Baden vom Zubettgehen „entkoppeln“ und es dadurch wieder attraktiv machen. So lässt sich die Situation entkrampfen, und das Kind hat wieder Spaß an der eigentlichen Sache.

Neuerdings badet Jason vormittags oder morgens. Damit ist das Badengehen für ihn nicht mehr das Ende des Tages, und er kann sich etwas leichter dazu motivieren.

Jason badet zu einem anderen Zeitpunkt des Tages. So fällt es ihm deutlich leichter, baden zu gehen.

Wir müssen oft selbst sehr flexibel sein, um unseren zu Betreuenden den Alltag zu gestalten und ihnen Möglichkeiten zu eröffnen, für die sie sonst blockiert wären. Aber es ist schön zu sehen, welche eigentlich kleinen Veränderungen Dinge möglich machen, die vorher nur unter größtem Kampf und vielleicht mit viel Geschrei und Tränen zu erreichen waren!

Jason hasst es, wenn ihm Wasser über das Gesicht läuft, weil er sich davor fürchtet, dass es ihm in Augen und Nase läuft.

Jason kommt selbst zu einer Lösung!

Lassen Sie Ihr Kind selbst kreativ werden.

Im Schwimmbad benutzt er eine Tauchermaske. Seit Jason die Idee hatte, seine Tauchermaske auch in der Badewanne zu benutzen, geht er von alleine und ohne „Theater“ zweimal wöchentlich tagsüber baden.

So löst es aktiv sein Problem, es nimmt seine Wünsche und Bedürfnisse wahr, drückt sie aus und findet am besten noch selbst die Lösung. Das ist Hilfe zur Selbsthilfe!

Wegweiser 11 – Einkoten/Einnässen

Aufgrund gestörter oder eingeschränkter Wahrnehmung oder als Reaktion auf Belastungen, Druck, Angst und Unverständnis von außen kann es zum **Einkoten oder Einnässen** kommen (organische Ursachen sind durch einen Arzt auszuschließen).

Siehe:

Die Basis allen Lernens:
- **Wahrnehmung**
- **Selbstregulation**

Dies kann sich äußern in:
- nächtlicher Inkontinenz
- Einnässen und/oder Einkoten am Tag
- Vermeiden von fremden Toiletten aus Angst, Ekel, Unsicherheit
- zwanghaftem Einhalten des Drangs, sich zu entleeren, um sich besser zu spüren
- motorischer Unruhe

Lösungsvorschläge

Prävention
- mit dem Kind ein Toilettentraining durchführen, d. h., täglich zu den gleichen Zeiten an den Toilettengang erinnern, und diesen begleiten, wenn es nötig sein sollte
- außerdem zusammen Routinen entwickeln („Jeden Morgen nach dem Aufstehen, vor dem Mittagessen ... gehen wir auf's Klo!")

Zum „Trockenwerden" in der Nacht:
- zur besseren Wahrnehmung eine größere Legoplatte unter das Spannbettlaken legen, wenn das Kind dies angenehm findet – dadurch spürt es sich besser und die propriozeptive Wahrnehmung wird gefördert; sie ist dafür verantwortlich, dass man spürt, was im Inneren des Körpers vor sich geht
- vor dem Zubettgehen zur Toilette gehen
- größere Trinkmengen zum Abend hin sind zu vermeiden

Direkte Reaktion

- gemeinsam einüben, wie man fremde Toiletten hygienisch benutzt, und zwar mit genau einstudierten Handlungsschritten
- Erinnerung und Strukturierung durch die Betreuungspersonen

Partizipation

- das Schulkind, das nachts noch immer eine Windel braucht, diese am Morgen selbstständig entsorgen lassen, um dem Einnässen nicht zu viel Beachtung, sei es positive oder negative, entgegenzubringen

Beispiel → Einkoten/Einnässen	
Sam ist 8 Jahre alt. Er hält den Drang zur Toilette zu gehen gerne ein und zögert den Toilettengang oft sehr lange heraus.	Sam spürt sich dann besser, seine Körperwahrnehmung ist beeinträchtigt. Ihm gefällt das Gefühl des leichten Schmerzes, wenn die Blase oder der Darm voll ist. Toilettentraining, d. h. täglich zu den gleichen Zeiten an den Toilettengang erinnern und wenn nötig begleiten. ▪ Außerdem zusammen Routinen entwickeln („Jeden Morgen nach dem Aufstehen, vor dem Mittagessen ... gehen wir auf's Klo!"), dies bietet Sam verlässliche und konkrete Strukturen.
Auf fremde Toiletten zu gehen, vermeidet er häufig ganz. Er hat gehört, dass er sich in Restaurants, Möbelhäusern oder anderen öffentlichen Toiletten nicht auf die Klobrille setzen soll. Daher vermeidet er diese Situationen lieber und hält ein.	Er weiß, dass fremde Toiletten oft schmutzig sind und so Krankheiten drohen könnten. Das macht ihm Angst und verunsichert ihn. Seine einstudierten Routinen für den Toilettengang funktionieren hier nicht, er hat keine Lösungsstrategie für sein Problem.

	Das Einüben, wie man fremde Toiletten hygienisch benutzt, und zwar mit genau einstudierten Handlungsschritten, könnte Sam helfen.
Wenn Sam z. B. mit Spielen beschäftigt ist, geht er unaufgefordert eigentlich gar nicht zur Toilette.	Sam spürt seinen Körper schlecht, der Druck der Blase muss erst deutlich zu merken sein, ehe er selbst registriert, dass er zur Toilette muss. Das Spiel lenkt Sam zudem noch von seinen Körperempfindungen ab. Sam braucht hier die Erinnerung und Strukturierung von seinen Eltern und Erzieherinnen.

Wegweiser 12 – Probleme in sozialen Gruppen

Menschen mit FASD haben oft **Probleme in sozialen Gruppen,** weil sie schwer mit Nähe und Distanz zurechtkommen, weil sie oft impulsiv und in ihren Affekten unkontrolliert sind, weil sie häufig Gestik, Mimik und Gesprochenes falsch interpretieren, weil sie immer im Mittelpunkt stehen wollen und Gleichaltrige oft andere Interessen und Themen haben als sie.

Siehe:

Die Basis allen Lernens:
- **Wahrnehmung**
- **Selbstregulation**
- **Impulskontrolle**
- **Soziale Interaktion**

Das kann sich wie folgt zeigen:
- nur wenige oder keine Freunde
- keine Einladungen zu Kindergeburtstagen
- häufige Konflikte bei Gruppenaktivitäten
- Rückzugsverhalten
- Isolation
- Unverständnis für die Probleme anderer

Lösungsvorschläge

Prävention

- als Vermittler anderen Menschen klarmachen, dass das Kind es nicht anders kann, es sich also nicht böswillig so verhält, sondern Hilfe und Unterstutzung braucht
- Freunde, andere Kinder, Klassenkameraden nach Hause einladen, vielleicht auch angeleitet miteinander spielen
- Unternehmungen nur in kleinen Gruppen durchführen (je größer die Gruppe, umso schwieriger der Umgang für den Menschen mit FASD)
- einüben, auf Gefühle wie Wut, Überforderung zu achten und sich gegebenenfalls aus der Situation zurückzuziehen, bevor es zur Eskalation kommt
- andere Erwachsene und Betreuer darauf aufmerksam machen, dass sie Hilfestellung zur Unterbrechung einer eskalierenden Situation geben können und sollten
- Zeichen verabreden: „HALT!“, Hand auf den Arm legen, Gelbe oder Rote Karte zeigen

- immer wieder verbalisieren, dass andere Menschen auch Gefühle und Bedürfnisse haben

Direkte Reaktion

- bei Anzeichen von Überforderung aus der Situation nehmen
- sich selbst oder betreuende Person als „Kommunikator" einschalten, um die Situation noch rechtzeitig zu klären, bevor sie „entgleisen kann"
- frühzeitig intervenieren
- bei Wutausbrüchen dem Kind/Jugendlichen die „Bühne" entziehen

Partizipation

- nach Konflikten gemeinsam die Handlungskette besprechen, um eigene Anteile am Streit zu erkennen und ein alternatives Handeln zu überlegen und einzuüben
- trösten und Mut machen, dass es beim nächsten Mal besser gelingen kann
- aufmerksam machen auf Signale, z. B. auf Wutgefühle im Bauch achten lernen, und was man dann tun kann, sich z. B. Hilfe von einem Erwachsenen holen, die Situation selbst verlassen, bevor sie „entgleist"
- ermutigen, selbst die Kontrolle zu behalten, indem man auf seine Gefühle achtet, sie ernst nimmt und lernt, adäquat zu handeln
- immer wieder Hilfen zur Eigenverantwortlichkeit geben, auch wenn es einem wie eine Sisyphusarbeit vorkommt. Das stärkt den Selbstwert und ermutigt dazu, selbstständig zu werden!

Beispiel → Probleme in sozialen Gruppen

Ariana, 11 Jahre, spielt draußen mit anderen Kindern aus der Nachbarschaft. Sie spielt mit einer Gruppe von Mädchen, die ca. zwei bis vier Jahre jünger sind als sie. Sie haben viel Spaß miteinander. Nun kommt noch ein neues Mädchen, Vivien, dazu, das mit der Mädchengruppe in die gleiche Schule geht und von allen Mädchen sehr gemocht und als „Anführerin" akzeptiert wird. Nur von Ariana nicht.

Alles ist ganz normal, Ariana spielt draußen mit anderen Kindern.

Leider ist sie nicht wirklich Teil der Gruppe, sie erkennt deren Struktur nicht und kann auch andere nicht als „Anführer" akzeptieren.

Vielleicht wäre es leichter für Ariana, wenn sie eine persönliche Freundin nach Hause eingeladen hätte und mit ihr gemeinsam mit der Mädchengruppe gespielt hätte.

Sofort beginnt die Auseinandersetzung über den weiteren Spielverlauf bzw. wer mit wem zusammen spielt und an welchem Ort.

Ariana kann den Stimmungswechsel und die andere Rollenverteilung nicht verstehen. Sie akzeptiert Vivien nicht und versucht, die anderen Mädchen der Gruppe auf ihre Seite zu ziehen, was ihr nicht gelingt, da sie weder gute Ideen noch Argumente hat und auch nicht erkennt, dass sie nur mitspielen darf, aber eigentlich kein festes Mitglied dieser Gruppe ist.

Als „Kommunikator" hätte man evtl. die Situation entschärfen können.

- Wenn Ariana ihre Gefühle erkannt hätte, hätte sie sich vielleicht besser zurückgezogen, als Vivien kam.

Die Situation wird immer angespannter. Ariana beschimpft Vivien. Diese wehrt sich. Die anderen Mädchen der Gruppe halten zu ihr. Schließlich zieht Ariana ein Mädchen an den Haaren. Jetzt hat sie alle Mädchen der Gruppe gegen sich. Ariana beschimpft alle mit unflätigen Worten und rennt weg, während sie den Mädchen droht, ein Messer zu holen.

Die Situation eskaliert! Ariana ist völlig überfordert, erkennt weder die Gruppenstruktur noch hat sie Möglichkeiten, sich selbst zurückzunehmen und einzufügen. Also greift sie auf ihr altes, vertrautes Verhaltensmuster zurück, mit dem sie sich selbst wieder ausgrenzt.

Vivien und ein anderes Mädchen der Gruppe klingeln bei Arianas Pflegemutter und beschweren sich über Ariana. Sie erzählen von den Schimpfworten und der Drohung mit dem Messer. Arianas Mutter macht sich daraufhin auf den Weg, Ariana zu suchen und sie nach Hause zu holen, um die Situation mit ihr zu klären.

Die Mädchen machen das Richtige. Sie suchen sich Hilfe bei einem Erwachsenen, der hoffentlich weiß, wie die verfahrene Situation zu lösen ist. Arianas Pflegemutter handelt richtig, indem sie Ariana beisteht und ihr bei der Klärung hilft.

Wichtig ist, das Kind aus der Situation zu nehmen. Weitere Schritte:

- trösten, Frust verstehen
- mit dem Kind die Handlungskette klären, überlegen, was passiert ist und Möglichkeiten aufzeigen, die Situation zu verstehen und zu klären
- eigenen Anteil am Konflikt aufzeigen
- mit dem Kind zusammen die Situation klären, mitgehen zu den anderen Kindern
- verbal unterstützen

Wegweiser 13 – Lernen

Weil Menschen mit FASD Störungen im Arbeitsgedächtnis und Schwierigkeiten mit der Handlungsplanung haben, oft unter Leistungsdruck und Überforderung leiden, sich außerdem schlecht konzentrieren können und eine geringe Frustrationstoleranz aufweisen, zudem oft motorisch sehr unruhig sind, haben sie sehr häufig **große Probleme beim Lernen generell** und **in der Schule!**

Siehe:

Die Basis allen Lernens:
- **Arbeitsgedächtnis**
- **Handlungsplanung**
- **Selbstregulation**
- **Frustrationstoleranz**

Das kann sich zeigen in:
- leichter Ablenkbarkeit
- fehlender Differenzierung zwischen „wichtig" und „unwichtig"
- der Unfähigkeit, sich selbst und seine Aufgaben zu strukturieren
- Problemen bei serialen Handlungsabläufen
- einem geminderten Selbstwertgefühl
- mangelndem Zutrauen in die eigenen Fähigkeiten bei gleichzeitiger Selbstüberschätzung
- Wut, aggressivem Verhalten, Beschimpfungen, Verhaltensauffälligkeiten
- häufigen Konflikten mit Mitschülern und Mitschülerinnen
- Rückzug, Antriebslosigkeit
- psychosomatischen Beschwerden wie Bauchschmerzen, Kopfschmerzen, Schwindel, chronischer Müdigkeit

Lösungsvorschläge

Prävention

Suchen Sie gewissenhaft die passende Schulform für Ihr Kind aus, informieren Sie sich vorher über die Abläufe im Schulalltag und die Kapazitäten und die Ausstattung der Lehrer. Oft gibt es Integrationskoordinatoren beim zuständigen Schulamt.

- Lehrer, Trainer und Ausbilder für die Behinderung sensibilisieren, ihnen immer wieder anhand von Infomaterial erklären, dass der Mensch mit FASD die Dinge nicht anders kann, dass er ihrer Hilfe und Unterstützung bedarf
- das „Ankommen" und Zurechtfinden in der Gruppe ist eine große Herausforderung für Menschen mit FASD, es bedarf Verständnis, Begleitung und Unterstützung
- reizarmen, strukturierten Lernort und Arbeitsplatz schaffen
- Tisch im Klassenraum an eine leere Wand stellen, evtl. mit Gehörschutz arbeiten lassen
- Tisch und Stuhl der Körpergröße anpassen und unbedingt auf Bodenkontakt der Fußsohlen achten
- Oberschenkel durch Sandsäcke beschweren, Stressbälle nutzen
- viele Pausen und Bewegung einplanen, Kaugummi kauen lassen
- klare kurze Anweisungen oder Aufforderungen geben
- schrittweise komplexe Aufgaben bewältigen, Teilschritte machen
- Abschlüsse schaffen, nach jedem Teilschritt innehalten (Fertig!, Geschafft!, Juchuu!)
- Arbeitsschritte besprechen und aufschreiben lassen, erledigte Dinge können abgehakt werden, Checklisten nutzen
- Stundenplan durch Farben strukturieren (jedes Schulfach hat eine feste Farbe) und auf den Schreibtisch kleben, bei Überforderung nur Tagesübersicht aufkleben
- ein Bild von den benötigten Materialien zur Arbeitshilfe vorlegen
- Ruhephasen in den Tagesplan einbauen
- viel Lob und Anerkennung für Geschafftes äußern

Direkte Reaktion

- manchmal ist eine Schulbegleitung/Integrationshilfe nötig und sinnvoll, um den Schulalltag zu meistern (über die Jugendhilfeträger zu beantragen)
- mit Erziehern und Lehrern besprechen, dass Ihr Kind Auszeiten und Bewegungsphasen auch außerhalb der Pausenzeiten braucht
- ausprobieren, was Ihrem Kind beim Lernen am besten hilft; mancher kann sich besser konzentrieren, wenn er z. B. flach auf dem Bauch liegt
- den Mut haben, zu unkonventionellen Mitteln zu greifen, solange es niemand anderen behindert oder stört

- sich darüber klarwerden, dass das Kind vermutlich nicht die Lernerfolge und den Schulabschluss eines gesunden Kindes erzielen wird; vorher genau zu überlegen, was Ihr Kind in seiner Lebenssituation und für die Zukunft braucht, kann für alle (Kind, Lehrer und Eltern) ausgesprochen entlastend sein
- zu Gesprächen mit der Schule jemanden zur Unterstützung mitnehmen (Jugendamtsmitarbeiter, Familienberater)
- sich Hilfe suchen (Beratungsstelle, Jugendamt), wenn die Konflikte überhandnehmen
- Schulwechsel sind bei Menschen mit FASD leider häufig vorkommende Ereignisse, diesen Gedanken im Hinterkopf behalten
- zusätzliche Termine nach der Schule auf ein Minimum reduzieren, um Freiräume zu schaffen und Stress im Alltag zu reduzieren

Partizipation

- Konfliktsituationen nachbesprechen, Gefühle des Gegenübers ggf. übersetzen und transparent machen
- Entschuldigungen vortragen lassen
- zerstörte Gegenstände müssen ersetzt werden

Filmen Sie das Kind/den Jugendlichen während eines Wutausbruchs und sehen Sie sich das Video später gemeinsam an. Melden Sie ihm zurück, was sein Verhalten bei Ihnen und anderen auslöst.
Machen Sie konkrete Vorschläge, wie Sie in der Situation jeweils reagiert hätten.

Beispiel → Lernen	
Der 8-jährige Toni möchte keinen Morgen in die Schule gehen. Zu Hause ist es daher morgens oft laut und ziemlich anstrengend für alle Mitglieder der Familie und die Nachbarn.	Toni möchte die unangenehme Schulsituation umgehen und zeigt Vermeidungsverhalten.
Auch in der Schule gibt es jeden Tag Konflikte. Toni fühlt sich durch den Lernstoff überfordert.	Mit den Lehrern wird ein offenes Gespräch geführt, in dem gemeinsam mit Toni nach Möglichkeiten gesucht wird, Toni zu entlasten. ▪ In schwierigeren Konfliktsituationen hilft ihm ein Mitschüler als Streitschlichter bei der Lösung oder er holt die Lehrer dazu.
Toni verweigert sich dann und fängt aus Frust und Langeweile an, seine Mitschüler/-innen zu stören. Er wird immer unbeliebter und bemerkt, dass die anderen das Lernen viel besser schaffen als er. Toni fühlt sich als Versager und macht sich selbst immer schlechter.	Toni fühlt sich unwohl in der Klasse und zeigt sozial auffälliges Verhalten, er kommt in der Gruppe nicht zurecht. Toni hat einen auf ihn abgestimmten Wochenplan mit kleinschrittigen Arbeitsanweisungen bekommen. Jedes Fach hat eine Farbe. ▪ Toni kann so endlich etwas selbstständig schaffen und wirkt weniger frustriert. ▪ Seine Eltern haben ihn zum Schwimmen angemeldet, dort hat Toni einige Erfolgserlebnisse, was ihn selbstbewusster macht. ▪ In der Klasse macht der Lehrer nun ab und zu Kooperationsspiele und Teamprojekte, das hat das Klassenklima positiv beeinflusst und das gegenseitige Verständnis erhöht.

Toni schafft nun kleine Arbeitsaufträge und hat an Selbstwertgefühl gewinnen können. Er kommt viel lieber in die Schule als noch vor kurzer Zeit. Langsam entwickeln sich positive Kontakte zu Mitschülern.

Die Zusammenarbeit zwischen Lehrern und Eltern hat hier gut funktioniert, sie konnten gemeinsam gute Absprachen im Sinne von Toni treffen. Man arbeitet nun mit seinen Stärken, wodurch sich die Atmosphäre deutlich entspannt hat.

Wegweiser 14 – Ausbildung/Beruf

Weil Menschen mit FASD Schwierigkeiten mit der Handlungsplanung haben, oft unter Leistungsdruck und Überforderung leiden, sich außerdem schlecht konzentrieren können und eine geringe Frustrationstoleranz haben und ihnen der nötige Antrieb fehlt, haben sie sehr oft **Schwierigkeiten, eine Ausbildung abzuschließen und/oder einer beruflichen Tätigkeit kontinuierlich nachzugehen.**

Siehe:

Die Basis allen Lernens:
- **Handlungsplanung**
- **Frustration**
- **Selbstregulation**

Das kann sich zeigen in:
- leichter Ablenkbarkeit
- fehlender Differenzierung zwischen „wichtig“ und „unwichtig“, keine Priorisierung
- der Unfähigkeit, sich selbst und seine Aufgaben zu strukturieren
- Problemen bei serialen Handlungen
- einem geminderten Selbstwertgefühl
- keinem Zutrauen in die eigenen Fähigkeiten bei gleichzeitiger Selbstüberschätzung
- Wut, aggressivem Verhalten, Beschimpfungen
- Rückzug, Antriebslosigkeit
- psychosomatischen Beschwerden wie Bauch- und Kopfschmerzen, Schwindel, chronischer Müdigkeit

Lösungsvorschläge

Prävention
- wichtig ist eine frühe Diagnostik der Behinderung, damit dem Menschen mit FASD die nötigen Hilfen zukommen (ab einem Schwerbehinderungsgrad von 50 % wird man vom Reha-Bereich des Arbeitsamtes betreut, und viele Hilfen können gewährt werden, zu denen man sonst keinen Zugang hätte, wie Integrationshelfer, Ausbildung in sog. Bildungswerken, Arbeit in einer Werkstatt für Menschen mit Behinderung)

- Lehrer, Trainer und Ausbilder für die Behinderung sensibilisieren, ihnen immer wieder anhand von Infomaterial erklären, dass der Mensch mit FASD die Dinge nicht anders kann, dass er ihrer Hilfe und Unterstützung bedarf
- nach Arbeitsmöglichkeiten suchen, bei denen die Einschränkungen des Menschen mit FASD berücksichtigt werden können (Werkstätten für Menschen mit Behinderung, verkürzte Arbeitszeit, geminderte Ausbildung, Assistenztätigkeiten)
- reizarme Umgebung schaffen
- klare kurze Anweisungen oder Aufforderungen geben
- schrittweise komplexe Aufgaben bewältigen, Teilschritte machen
- Arbeitsschritte besprechen und aufschreiben lassen, erledigte Dinge können abgehakt werden
- Checklisten nutzen
- Ruhephasen in den Tagesplan einbauen
- viel Lob und Anerkennung für Geschafftes äußern

Direkte Reaktion

- das Problem kommunizieren, mit dem Menschen mit FASD besprechen, als Kommunikator dienen
- immer im Gespräch und Kontakt bleiben zwischen Arbeitsplatz und häuslicher Betreuung
- dem Menschen mit FASD zu Hause helfen, z. B. einen Plan aufstellen, wie er morgens rechtzeitig aus dem Bett kommt, um zur Arbeit zu gehen
- Ihn unterstützen, z. B. Aufgaben, mit denen er überfordert wäre, wenn er sie auch noch erledigen müsste, zeitweise für ihn übernehmen (Brot schmieren, einkaufen, Wäsche waschen)

Partizipation

- besprechen, wenn und warum etwas nicht geklappt hat (Kommunikation zwischen Betreuern zu Hause und am Arbeitsplatz muss gut funktionieren, um schnell intervenieren zu können, wenn Probleme auftreten, damit sie nicht zu einem riesigen Problem werden, bevor es jemand merkt)
- trösten, in den Arm nehmen
- über das Geschehene sprechen, die Handlung verurteilen, nicht den Täter; konkrete Handlung reflektieren
- den Menschen mit FASD die Schäden im Rahmen seiner Möglichkeiten beheben lassen, ihn dabei durch Anwesenheit, manchmal auch durch tätige Hilfe unterstützen

- ihn als Mensch ernst nehmen und für sein Handeln (teils nur eingeschränkt) verantwortlich machen
- zusammen konkrete Handlungsschritte erarbeiten und begleitet umsetzen (verhaltenstherapeutisches Arbeiten)
- Stärkung der Beziehung (= Beziehungsarbeit)

Beispiel → Ausbildung/Beruf	
Sandra ist 18 Jahre und hat einen Ausbildungsplatz bei einem Malerbetrieb als Bürokauffrau bekommen. Sie ist stolz und fühlt sich nun selbstständig und erwachsen, weil sie jetzt ein eigenes Einkommen hat. Die Arbeit macht ihr Spaß, besonders die Telefongespräche mit den Kunden, oder wenn es darum geht, etwas zu organisieren.	Sandra scheint es gut getroffen zu haben. Die Arbeit macht ihr Spaß und sie kann ihre Stärken einbringen. Gut wäre es, als Betreuer Kontakt zum Ausbilder zu halten, um bei Schwierigkeiten direkt im Thema zu sein und als „Kommunikator“ zur Verfügung zu stehen. Gut ist es, wie hier, wenn der Mensch seine Stärken einbringen kann, aber auch unterstützt wird, mit Schwierigkeiten umzugehen.
Nach einigen Monaten kommt Sandra nicht mehr regelmäßig zur Arbeit, sie meldet sich krank, kommt zu spät oder gar nicht. Sie erhält mehrere Abmahnungen, die sie aber ihren Pflegeeltern verschweigt. Schließlich kommt sie an einem Tag zu spät zur Arbeit und schläft dann auch noch an ihrem Schreibtisch ein. Daraufhin erhält sie die Kündigung und steht nun ohne Arbeit und Ausbildungsplatz da.	Sandra hat ihren Ausbildungsplatz verloren. Viele Probleme haben sich angehäuft, die sie entweder nicht gesehen hat oder nicht sehen wollte. Sandra konnte alleine die Konsequenzen ihres Handelns aufgrund ihrer Behinderung durch FASD nicht einschätzen. Sie hätte dringend Begleitung und Unterstützung durch die Vernetzung von Betreuern, Arbeitgebern und Lehrern gebraucht, um sich nicht selbst ins „Aus“ zu manövrieren.

Von ihren Betreuern zur Rede gestellt, meint sie, dass ihr die Arbeit in solch einem engen Büro zu langweilig sei und sie auch nicht so früh aufstehen wolle und könne.

Das ist Sandras Sicht auf die Geschehnisse.

- Menschen mit FASD nehmen Situationen und Geschehen anders wahr als wir.
- Es ist wichtig, sich in sie hineinzudenken und zu -fühlen, um Verständnis für ihr Handeln zu entwickeln und um ihnen helfen zu können.

Leider zeigt sie auch wenig Motivation und Ideen, was sie denn gerne arbeiten würde. Sie hat wenig Zutrauen zu sich selbst und ihren Fähigkeiten. Am liebsten würde Sandra in der Firma ihrer Pflegeeltern arbeiten, weil ihr dort alles vertraut ist und diese mit ihren Stärken und Schwächen vertraut sind und sie genau kennen.

Hier zeigt sich, dass Sandra wenig Selbstvertrauen hat. Sie kann sich selbst und ihre Fähigkeiten sehr schlecht einschätzen.

- Sandra braucht Beziehung, um an ihre Stärken zu kommen.
- Sie braucht Struktur und Menschen, die sie stützen, die die Arbeit einteilen und anleiten oder als Kommunikator fungieren, wenn es zu Problemen kommt.

  Konkrete Handlungsschritte müssen überlegt werden und dann evtl. mit Unterstützung von Betreuern durchgeführt werden (Termin mit der Reha-Beratung des Arbeitsamtes, Integrationshelfer, geminderte Ausbildung oder Internatsausbildung in einem Bildungswerk).

Wegweiser 15 – Ausreißen/Weglaufen

Als Bewältigungsstrategie, um mit Druck, Konflikten oder Stress umzugehen, aus Neugierde und Verführbarkeit, aus mangelndem Gefahrenbewusstsein und falschem Realitätsbild kommt es dazu, dass Menschen mit FASD häufig **ausreißen** oder **weglaufen**.

Siehe:

Die Basis allen Lernens:
- **Wahrnehmung**
- **Handlungsplanung**
- **Selbstregulation**

Das äußert sich in:
- heimlichem Entfernen aus dem Haus
- Missachten der Regeln, die zu Hause gelten (z. B. vereinbarte Zeiten werden nicht eingehalten)
- Mitgehen mit Fremden aus Neugierde und/oder Verführbarkeit
- heimlichen Treffen mit Fremden (z. B. aus Chats im Internet oder Zufallsbekanntschaften)
- Kontaktabbruch
- Leben auf der Straße, auf Trebe gehen

Folgen
- kleinere Kinder gefährden sich selbst (Straßenverkehr, Verirren, Fremde)
- die Gefahr, straffällig zu werden, steigt
- Schulbesuch findet nicht statt, fehlende Abschlüsse
- Lehrstelle oder Arbeitsplatz ist gefährdet oder wird verloren

Lösungsvorschläge

Prävention (siehe auch Wegweiser 7)
- ein guter Kontakt und eine enge Beziehung stärken die Bindung und sind Basis für ein gutes Zusammenleben
- dem Kind Vertrauen, Zeit und Geduld schenken
- klare Regeln vorgeben und strikt auf deren Einhaltung achten
- Konflikte frühzeitig klären
- Eskalationen vorausschauend umschiffen

Direkte Reaktion

- dem Kind von klein auf sehr klar und deutlich verständlich machen, dass Sie das unerlaubte Weggehen nicht tolerieren, und mit wenigen einfachen Worten Ihre Gründe dafür erklären
- dem Kind/Jugendlichen in einem geschützten Rahmen die Möglichkeit geben, seinem Entdeckungsdrang nachzukommen (z. B. in einer unbeobachteten Ecke im Garten) und sich in seinem Rahmen zu verselbstständigen (z. B. Fahrten mit Jugendgruppen)
- das Kind über die Konsequenzen und möglichen Folgen des Weglaufens aufklären
- konkrete Verhaltensstrategien einüben, die im Falle einer Eskalation von Konfliktsituationen Auswege aus den Gefühlen von Wut, Aggression etc. bieten könnten (z. B. „Statt abzuhauen, könntest du dich mit einem Wassereis in dein Zimmer zurückziehen und dich erst abkühlen!“)
- sichergehen, dass sich kleine Kinder nicht ungewollt verselbstständigen können (Drehgriff an die Haustüre, Riegel vorschieben, quietschendes Gartentor nicht ölen → als Warnsignal nutzen)
- einen GPS-Tracker in die Kleidung einnähen oder Ihr Kind diesen als Anhänger tragen lassen
- einen Schlüssel- oder Schmuckanhänger mit Namen und Telefonnummer mitgeben
- ein Walkie-Talkie benutzen, wenn es sich draußen zum Spielen aufhält
- Ihr Umfeld, den Vormund und die Nachbarn über die Gefahr des „Weglaufens“ informieren
- die Ortungsfunktion des Handys einstellen und sie nutzen
- Perspektiven und Möglichkeiten für die Zukunft aufzeigen (beziehen Sie z. B. Lehrer, Beratungsstellen, Vormund und Jugendamt mit ein)
- bei mehrfachen Regelverstößen über eine zeitweise Unterbringung in einer Jugendhilfeeinrichtung nachdenken, und dies ggf. mit dem Jugendlichen, den zuständigen Beratern und dem Jugendamt vereinbaren

Partizipation

- auf der Beziehungsebene (in Ich-Form formuliert) Ihre Besorgnis mitteilen, Ihre Gefühle genau beschreiben
- Ihrem Kind verständlich machen, welche Gefahrenquellen Sie real sehen, auf konkrete Gefahrenquellen hinweisen
- über seine Behinderung und seine damit verbundene Schutzbedürftigkeit im Gespräch bleiben

Beispiel → Ausreißen/Weglaufen	
Als Sam 5 Jahre alt ist, ist er neugierig und kennt keine Angst. Er nutzt jede Gelegenheit, sich unbeobachtet aus dem Haus zu schleichen, z. B., wenn seine Mutter telefoniert oder die Wäsche aufhängt. Er möchte alleine auf Entdeckungstour gehen. An der Wohnungseingangstür ist der Türgriff nach unten gedreht, die Haustüre hat einen schwergängigen Drehknauf und das Gartentor ist auch schwer zu öffnen und quietscht laut.	Die Eltern merken sofort, wenn Sam sich ungefragt auf den Weg machen möchte. Sie lassen ihn nie minutenlang ohne Beaufsichtigung.
Sam kennt die Verkehrsregel, nicht einfach auf die Straße zu laufen, wendet sie aber manchmal nicht an, wenn der Reiz von außen oder sein innerer Impuls zu groß ist. Er kennt keine Angst vor Fremden oder Dunkelheit.	Sam hat einen kleinen GPS-Tracker am Armband. Falls er doch einmal entwischt, kann er schnell geortet werden. Die Nachbarn sind informiert, dass Sam nicht alleine draußen sein darf, weil er sich im Verkehr noch nicht zurechtfindet und keine Vorsicht vor Fremden zeigt. Sie achten mit auf Sam.

Wegweiser 16 – Gefährliche Situationen

Aus mangelnder Körperwahrnehmung oder schlechtem Körpergefühl, aus Neugier und Selbstüberschätzung sowie Fehlinterpretation einer Situation können Menschen mit FASD dazu neigen, sich in **gefährliche** oder **extreme Situationen** zu begeben!

Siehe:

Die Basis allen Lernens:
- **Wahrnehmung**
- **Sensorische Integration**
- **Selbstregulation**

Das kann sich äußern in:
- Waghalsigkeit
- wenig Gefahrenbewusstsein
- Hang zur Selbstgefährdung
- Selbstverletzung
- Übergriffigkeit
- Distanzlosigkeit
- Nachahmen unangemessener Verhaltensweisen
- Verführbarkeit
- Realitätsverlust

Lösungsvorschläge

Prävention

- das Kind sehr aufmerksam begleiten und beaufsichtigen und ganz genau kennenlernen
- Sie wissen am besten, was Ihr Kind kann und mag oder wie viel Begrenzung es braucht, um geschützt und sicher sein Potenzial zu entfalten
- mit den Stärken (nicht gegen die Schwächen) des Kindes arbeiten

So ist es möglich, dass Ihr Kind im Straßenverkehr noch in der Pubertät überfordert ist, aber seit Jahren sehr verantwortungsvoll und verlässlich Ihre Haustiere versorgt. Es wird also nicht in der Lage sein, allein zum Supermarkt zu gehen, um Tierfutter zu kaufen, kann jedoch die Aufgabe der Versorgung sehr wohl ganz selbstständig übernehmen.

- die individuellen Fähigkeiten und Stärken des Kindes wahrnehmen; sie zu fördern und zu loben, ist eine der wichtigsten Aufgaben der Eltern
- von klein auf einen Umgang mit den Dingen finden, die nicht gehen, ohne den anderen zu demütigen oder zu verletzen
- dem Kind den Aufbau eines realistischen, wertschätzenden Selbstbildes erlauben; es ermöglicht ihm, seine individuellen Fähigkeiten zu erkennen, aber auch seine ganz eigenen Grenzen zu akzeptieren
- im Gespräch bleiben über Wünsche, Begabungen, aber auch über Grenzen und Begrenzungen, die die Behinderung für den jungen Menschen mit sich bringt
- mögliche Gefahren immer wieder – dem Alter und den Fähigkeiten Ihres Kindes entsprechend – besprechen und ihm angemessene, konkrete Verhaltensweisen an die Hand geben
- angemessenes Verhalten in Gefahrensituationen durch ständiges Wiederholen einstudieren (im Straßenverkehr, beim Schwimmen, am Herd, ...); Reime, Merksätze oder Lieder können dabei helfen („Bei ROT muss ich steh'n, bei GRÜN darf ich geh'n!“)
- genau vormachen, wie man sich in unsicheren Situationen verhält, da Menschen mit FASD einen Großteil durch Nachahmung lernen; tun Sie dies sehr deutlich (möglicherweise übertrieben)
- die Beratung und Therapie durch erfahrene Therapeuten (Ergo- und Physiotherapie, Motopädie ...) in Anspruch nehmen, um Wahrnehmungsstörungen therapeutisch aufzufangen

dabei darauf achten, dem Kind und sich nicht zu viele Termine „aufzuhalsen“!

- bei sehr kleinen Kindern selbst im Alltag schon darauf achten, klare Reize zu vermitteln und dies auch bei älteren Kindern beibehalten
- vielfältige Wahrnehmungsangebote und verschiedenste, ausreichende Bewegungsmöglichkeiten (matschen, klettern, rutschen, schaukeln) bieten
- das Kind toben und auch „extremere“ Körpererfahrungen machen lassen, solange sie nicht gefährlich sind; oft werden starke, eindeutige und körperbetonte Reize bevorzugt und gesucht (z. B. kräftiges Schaukeln und Eindrehen, Raufen, langes Hüpfen)
- eine glatte, harte Wickelunterlage oder Sitzfläche für Ihr Kind wählen
- von einem Edelstahllöffel (keinen Kunststofflöffel verwenden) essen bzw. es damit füttern

- Getränke eher aus einem dicken Glas als aus Plastikgefäßen reichen
- einen Schlafsack zum Schlafen probieren (Reißverschluss hinten); pucken Sie Ihr Kind (fest in Tücher wickeln)
- das Bett nicht zu groß wählen bzw. den Schlafplatz durch Lagerungskissen begrenzen; eher glatte, kühle Bettwäsche oder luftgetrocknete Frotteewäsche, statt weicher Biber- oder Fleece-Wäsche benutzen
- bei der Kleidung darauf achten, dass sie gut sitzt und somit ein gutes Körpergefühl gibt (bei starken Störungen der Tiefensensibilität können z. B. maßgeschneiderte Kleidungsstücke aus dem Orthopädiefachgeschäft, die auf Rezept angefertigt werden, eine Hilfe sein, die Körperwahrnehmung zu unterstützen, z. B. eine SPIO-Input-Orthese nach Nancy Hylton)

Direkte Reaktion

- im Alltag gelten feste Abläufe und Regeln, deren Einhaltung strikt durchgesetzt wird
- Gefahrenquellen im direkten Umfeld minimieren (Kindersicherungen installieren, Weglaufschutz anbringen, Nachbarn informieren, Gartentor einbauen)
- sichere Räume schaffen (im Garten, im Haus, im Wald, in der Turnhalle oder im Indoorspielplatz), in denen sich Ihr Kind ausprobieren und auspowern kann
- GPS-Tracker an Kleidung anbringen oder als Armband oder Schmuckanhänger mitführen lassen (im Internet beziehbar)
- einen Handytarif mit Ortung wählen, der erlaubte Bewegungsradius ist einstellbar, SMS-Benachrichtigung bei Verlassen des eingestellten Radius
- Zeiträume vereinbaren, in denen sich das Kind/der Jugendliche zu Hause melden soll, diese Zeiträume individuell anpassen

Partizipation

- gefährliche Situationen nachbesprechen und alternative Vorgehensweisen aufzeigen
- dieselbe Situation noch mal „richtig" wiederholen („Jetzt zeig mir bitte, wie du sicher die Straße überquerst!")

Beispiel → Gefährliche Situationen	
Josy, 9 Jahre alt, hört Musik, die von draußen kommt. Eigentlich soll sie schlafen. Aber sie verlässt ihr Bett, schiebt einen Stuhl ans Fenster und öffnet es. Die Eltern werden durch Geräusche aus dem Kinderzimmer im oberen Stockwerk hellhörig.	**Achtung Gefahr!** ! Die Eltern wissen, dass Josy stets ihrer Aufsicht bedarf, weil sie dazu neigt, ungewöhnliche Dinge zu tun oder Gegenstände kaputt zu machen, und dabei Gefahren nicht einschätzen kann.
Josy steigt auf das äußere Fensterbrett, um besser sehen und hören zu können, woher die Musik kommt.	Der Impuls, der Musik nachzugehen, ist größer als das Bewusstsein, dass sie sich in Gefahr bringt (obwohl sie eigentlich weiß, dass man nicht aus dem Fenster steigen darf).
Die erschrockenen Eltern sind sofort zur Stelle, um Josy hineinzuholen, sodass die Situation diesmal glimpflich abläuft. Der Schreck ist groß.	Super, durch die Aufmerksamkeit der Eltern wird Schlimmeres verhindert! Sie können abschließbare Fenstergriffe installieren. ▪ Das Babyfon wird abends wieder eingeschaltet, obwohl Josy dafür eigentlich zu alt ist.

Wegweiser 17 – Sexualverhalten/sexualisiertes Verhalten

Aufgrund von mangelndem Körpergefühl, der Störung von Trieb- und Impulskontrolle, des Wunsches nach Anerkennung, aus Verführbarkeit, Neugier oder auf Drängen anderer zeigt sich bei Menschen mit FASD oft ein **auffälliges, gestörtes Sexualverhalten, ein sexualisiertes Verhalten oder Exhibitionismus.**

Siehe:

Die Basis allen Lernens:
- **Sensorische Integration**
- **Impulskontrolle**
- **Selbstregulation**
- **Soziale Interaktion**

Dies kann sich äußern in:
- Selbstbefriedigung in der Öffentlichkeit
- wenig Schamgefühl
- dem Hang, sich ausnutzen oder benutzen zu lassen
- ständigem Schwärmen und Verliebtsein
- Schwierigkeiten im Umgang mit tieferen Emotionen
- hoher Verführbarkeit
- Übergriffigkeit
- Distanzlosigkeit
- ständig wechselnden Partnern
- früher Schwangerschaft

Lösungsvorschläge

Prävention
- Umfeld über die Probleme aufklären, einen „Schutzraum" schaffen
- den richtigen Rahmen bieten für: Berührungslust am eigenen Körper, Zeigelust, den Körper im „richtigen" Maß zur „Schau stellen" können, Schaulust; den Konsum pornografischer Bilder, Sexszenen usw. an das nötige Maß anpassen
- Selbstbefriedigung nicht verbieten, sondern steuern (nicht in der Öffentlichkeit), immer wieder darauf hinweisen, ritualisieren (bestimmte Zeit, bestimmter Ort)
- offen sein, den Menschen mit FASD gut beobachten, Dinge wie Verhütung, Sexualität ansprechen, verständlich machen und im Gespräch bleiben

- Schutz vor sexuellem Missbrauch, unaufgeklärte, überbehütete Menschen sind oftmals die ersten Opfer von Sexualstraftätern
- Verhütung: Dreimonatsspritze, Hormonstäbchen (hält drei Jahre) oder Hormonspirale sind gute Helfer gegen eine ungewollte Schwangerschaft, sie können aber nur eine Ergänzung zu den oben genannten Vorschlägen sein
- für den Notfall: die „Pille für danach" bereithalten oder eine Anlaufstelle, wo diese erhältlich ist, im Kopf haben
- einen jungen Menschen für die Betreuung finden (ältere Geschwister, Studenten über den FED), der evtl. einen besseren Zugang hat, weil er vom Alter näher an der Situation des Menschen mit FASD ist. Es könnte sein, dass sich der Jugendliche lieber einer solchen Person bei diesem Thema anvertraut
- eigene Körpergrenzen sehr deutlich machen, eigene Intimsphäre schützen
- Kontakt zur Beratungsstelle z. B. „Pro-Familia" herstellen, gemeinsames Beratungsgespräch machen

Direkte Reaktion

- Kind oder Jugendlichen aus der Situation nehmen, z. B. bei Selbstbefriedigung in der Öffentlichkeit oder Bloßstellung von anderen einen Schutzraum bieten
- im Gespräch klären, dass z. B. Selbstbefriedigung in einen persönlichen Rahmen wie ins Bett oder eigene Zimmer gehört, aber nicht in die Öffentlichkeit
- dem Kind einen Schutzraum, ein Gespräch und eine Beziehung anbieten, um zu verhindern, dass andere Menschen es ausnutzen
- eigene Körpergrenzen sehr deutlich machen, eigene Intimsphäre schützen
- Menschen im Umfeld über die Behinderung aufklären und sie ermutigen, ihre eigenen Grenzen sehr klar zu zeigen und einzufordern
- die „Pille danach" bereithalten oder besorgen
- Kondome bereithalten und die Benutzung erklären
- bei ungewollter Schwangerschaft möglichst gemeinsam eine Beratungsstelle aufsuchen; planen, wie es weitergeht, Schwangerschaft: „ja oder nein", Verhalten in der Schwangerschaft: Thema Alkohol usw.

Partizipation

- persönliches Gespräch suchen, um die begangene „Grenzüberschreitung" zu besprechen
- verbale Entschuldigung bei Menschen, deren „Grenzen" überschritten worden sind
- Raum vereinbaren und einrichten, der für den Menschen mit FASD der „intime" Rückzugsort ist
- im Notfall die „Pille danach" einnehmen lassen, danach für ausreichende Verhütung sorgen

Beispiel → Sexualverhalten/sexualisiertes Verhalten

Cindy, 15 Jahre, sitzt in der Schule. Es ist schon Nachmittag und das Thema des Unterrichtes langweilt sie. Sie beginnt, mit der Hand zwischen den Beinen zu reiben und auf dem Stuhl herumzurutschen. Andere Klassenkameraden werden auf sie aufmerksam und fangen an zu kichern und zu tuscheln. In der Klasse wird es immer unruhiger. Endlich bemerkt auch die Klassenlehrerin die Unruhe und versucht, die Ursache zu ergründen.

Cindy hat Langeweile. Sie vergisst Raum und Zeit und tut das, was ihr gerade guttut. Sie denkt nicht über die Konsequenzen nach.

In solchen Momenten braucht sie zu ihrem Schutz Unterstützung und Aufmerksamkeit von Bezugspersonen.

Ein Mädchen zeigt auf Cindy, beschimpft sie. Die gesamte Klasse lacht nun über Cindy und belegt sie mit Ausrufen, wie „Ih!", „Das ist ja ekelig!" und „Fingermädchen". Erst jetzt bemerkt Cindy, dass sie von allen beobachtet und beschimpft wird. Sie wird rot und die Situation ist ihr furchtbar peinlich.

Für die anderen Jugendlichen ist die Situation zum einen peinlich, zum anderen passiert nun endlich etwas Interessantes. Alle sind wieder wach. Für Cindy ist diese Situation schrecklich.

Wichtig ist, in dieser Situation schnell zu handeln. Cindy muss geschützt werden.

Die Klassenlehrerin versucht, wieder Ruhe in die Klasse zu bekommen. Sie nimmt Cindy in Schutz, indem sie der Klasse erklärt, dass Cindy nichts Schlimmes gemacht hat, dass ihr Verhalten nur nicht in die Öffentlichkeit gehöre. Sie nimmt Cindy aus der Situation, indem sie sie eher nach Hause entlässt und ihre Mutter anschließend über die Situation unterrichtet.

Die Lehrerin macht alles richtig, um die Situation wieder in den Griff zu bekommen. Sie schützt Cindy, indem sie sie aus der Situation nimmt, die Mutter informiert, damit diese auch handeln kann, und sie informiert die anderen Schüler über ihre Sicht und Bewertung der Situation.

Ein klares Handeln des Erwachsenen entzerrt die Situation und nimmt ihr die Schärfe.

Mit den Schülern der Klasse redet die Lehrerin später noch in kleinen Gruppen. Sie fordert diese auf, das Thema nicht aus dem Raum der Klasse zu tragen, weil es Cindy gegenüber nicht fair sei, wenn noch andere von ihrem Verhalten erfahren würden.

Die Lehrerin bespricht mit den Schülern in Cindys Abwesenheit noch einmal das Thema Selbstbefriedigung und appelliert an ihre Einsicht, dass die vorgefallene Situation ein persönliches Klassenthema sei, welches nicht in die Öffentlichkeit gehöre.

Das Umfeld muss gut über die Schwierigkeiten bei der Behinderung FASD informiert sein, um den nötigen Schutzraum für die Betroffenen gewährleisten zu können.

Am nächsten Tag führt die Lehrerin auch mit Cindy ein Gespräch und erklärt ihr, dass Selbstbefriedigung nichts in der Öffentlichkeit zu suchen habe. Sie bespricht mit Cindy, was sie tun kann, wenn ihr langweilig ist oder sie merkt, dass sie müde wird, damit sie nicht wieder in solche, für sie sehr peinliche Situationen gerät.

Die Lehrerin spricht auch mit Cindy und nimmt sie in die Verantwortung, gut und adäquat mit sich selbst und ihren Wünschen und Bedürfnissen umzugehen.

Mit dem Betroffenen selbst muss die Situation besprochen werden.

- Er bekommt die Aufgabe, mit sich selbst achtsam umzugehen.
- Es werden Lösungen gesucht, um anders mit Müdigkeit und Langeweile umzugehen.

Wegweiser 18 – Sucht

Aus einer Opfermentalität heraus, aufgrund ihrer Vorbelastung durch Alkohol, aus Langeweile und/oder Einsamkeit, aufgrund einer mangelnden Zukunftsperspektive und fehlendem Antrieb oder als Folge ungelöster Konflikte können Menschen mit FASD **Süchte** entwickeln.

> **Siehe:**
>
> **Die Basis allen Lernens:**
> - **Frustration**
> - **Selbstregulation**
> - **Handlungsplanung**
> - **Soziale Interaktion**

Dies können z. B. sein:
Sucht nach:

- elektronischen Medien wie Computerspiele, Handy (Smartphone), Fernsehserien, Fernsehen
- Waren/Kauferlebnissen (Kaufsucht)
- bestimmten Nahrungsmitteln, z. B. Zucker, Salz, Geschmacksverstärker
- Drogen
- Alkohol

Dies kann sich äußern in:

- plötzlicher Verhaltensänderung
- obsessivem, zwanghaftem Verhalten
- Stehlen und/oder Lügen
- sozialer Isolation und/oder Rückzug, Abbruch alter Kontakte
- Kontakt mit falschen Freunden
- regelmäßigem Alkohol- und/oder Drogenkonsum

Lösungsvorschläge

Prävention

- die Freizeit mit dem Kind sinnvoll zusammen gestalten
- Beziehungsangebote machen, z. B. gemeinsames Kochen, Essen, Spielen
- konkrete Strategien an die Hand geben, wie mit Langeweile umzugehen ist
- mit einer frühen Zugehörigkeit zu einer Freizeitgruppe oder einem Sportteam (Pfadfinder, Fußballmannschaft etc.) das Risiko mindern
- positive Kontakte fördern, Freunde nach Hause einladen, selbst dann zu Hause sein und sich als Ansprechpartner bereithalten

- das Kind über die Gefahren von Suchtverhalten aufklären
- Biografiearbeit mit dem Kind betreiben, um die eigene Geschichte und Anfälligkeit begreiflich zu machen
- das Umfeld über die Behinderung informieren, um Verständnis zu wecken
- einen Handlungsplan einüben, für den Fall, dass das Kind/der Jugendliche bemerkt, dass jemand es/ihn ausnutzen möchte („Wenn dein Bauch/Gefühl dir NEIN sagt, dann bleib dabei!", „Wenn Henry dich das nächste Mal schickt, um etwas im Supermarkt mitgehen zu lassen, dann tust/sagst du Folgendes: ...!"); ein Rollenspiel oder die Handpuppen können beim Einüben helfen

Direkte Reaktion

- sprechen Sie Veränderungen im Verhalten direkt an, Kind genau beobachten
- Kontrolle und feste Regeln sind oft unerlässlich, auch wenn dies bedauerlich und ziemlich aufwendig ist
- die Einhaltung von Vereinbarungen einfordern
- trotz Kontrolle und der Einforderung von Vereinbartem das positive Beziehungsangebot zu dem Kind/Jugendlichen aufrechterhalten. Die Beziehung ist sehr wichtig!

Beispiel → Sucht

Es ist Wochenende. Die 16-jährige Nina, die sehr gerne Filme auf ihrem Smartphone oder am Fernseher schaut, will nicht am Familienfrühstück teilnehmen, sondern bleibt in ihrem Bett liegen. Erst als alle fertig sind, erscheint sie in der Küche. Schnell schlingt sie ihr Frühstück in sich hinein. Danach schnappt sie sich ihr Smartphone und verschwindet damit in ihrem Zimmer.

Nina scheint der Kontakt mit der Familie völlig unwichtig zu sein. Sie möchte ganz schnell auf ihrem Smartphone Filme schauen. Alles andere tritt dahinter zurück.

- Wichtig ist es, Ninas Verhalten zu beobachten und zu begleiten.
- Weiterhin ist es wichtig, die Regel aufzustellen, dass sie erst nach der Teilnahme am gemeinsamen Frühstück ihr Smartphone erhält, um den Kontakt zu ihr zu behalten.

Ihr Pflegevater ruft noch hinter ihr her, dass sie das Smartphone, wie verabredet, in eineinhalb Stunden wieder in die Küche bringen solle. Sie bejaht dies. Wegen ihres hohen Medienkonsums sind mit ihr feste Zeiten verabredet, in denen sie entweder am Computer, vor dem Fernseher oder mit ihrem Smartphone Ihre Zeit verbringen kann.

Nina weiß, dass sie ihr Smartphone nur eineinhalb Stunden benutzen darf und es dann laut Vereinbarung zurückbringen soll.

- Das Problem des Medienkonsums ist erkannt und die Familie versucht mithilfe einer Vereinbarung den Konsum zu steuern.
- Damit ist Nina mit Unterstützung selbst für ihr Handeln verantwortlich und wird nicht einfach durch ein Verbot bevormundet.
- Es ist gut, dass Herr M. Nina noch einmal an die Vereinbarung erinnert.
- So wird Nina selbst in die Verantwortung genommen.

Nach der abgelaufenen Zeit erscheint Nina nicht. Der Pflegevater ruft nach ihr. Es erfolgt keine Reaktion. Nun schaut er in Ninas Zimmer nach ihr. Nina sitzt über ihrem Smartphone und schaut eine Serie. Sie will ihr Smartphone nicht abgeben, weil es doch so spannend sei. Herr M. weist auf die Verabredung und die nun abgelaufene Zeit hin und nimmt Nina das Smartphone ab.	Nina hat über dem Schauen die Zeit und die Vereinbarung vergessen. Herr M. geht Nina nach und setzt die Vereinbarung schließlich auch gegen Ninas Willen durch. Gehen Sie Ihrem Kind nach. ▪ Fordern Sie die Erfüllung Ihrer Absprache ein. ▪ Seien Sie konsequent. ▪ Bleiben Sie dabei ruhig, aber bestimmt.
Sie beschimpft ihn daraufhin und weist ihn aus dem Zimmer. Nina knallt ihre Zimmertür zu und stellt ihre Musik sehr laut. Man hört sie in ihrem Zimmer schreien und schimpfen. Gegenstände „fliegen" gegen die Zimmertüre.	Nina reagiert sehr impulsiv und unkontrolliert auf die Einhaltung der Vereinbarung. Aber sie bleibt dabei in ihrem Zimmer. Versuchen Sie – wie Ninas Pflegevater – die Reaktion möglichst zu ignorieren. ▪ Besonders wenn keiner zu Schaden kommen kann, ist das die beste Reaktion. ▪ Die „Bühne" wird entzogen. ▪ Nina kann ihre Gefühle „ausleben" und wieder zur Besinnung kommen.

Nach einiger Zeit wird es im Zimmer ruhiger. Herr M. wartet noch eine Weile, dann klopft er an Ninas Zimmertür und betritt den Raum.

Nina sitzt traurig in der Ecke. Herr M. informiert Nina, dass er nun Mittagessen zubereiten würde und Nina ihm gerne helfen könnte. Dann verlässt er wieder den Raum.

Nina hat sich langsam „abgeregt" und ist nur noch traurig. Ihr Pflegevater nimmt wieder Kontakt zu ihr auf und macht ihr ein Angebot, wartet aber ihre Reaktion nicht ab.

Bieten Sie Ihrem Kind, wenn der Ausbruch vorbei ist, wieder Kontakt an.

- Nina würde wahrscheinlich selbst sehr schwer den Weg aus ihrer Traurigkeit und Hilflosigkeit finden.
- Es ist gut, keine direkte Erwiderung zu erwarten, sondern Nina Zeit für eine Entscheidung zu lassen. – Das Beziehungsangebot steht!

Nach einiger Zeit kommt Nina in die Küche und fragt, ob sie schon einmal die Nudeln kochen solle.

Nina und ihr Pflegevater arbeiten gemeinsam ohne viele Worte. Die Anspannung weicht. Beim gemeinsamen Essen, für dessen Zubereitung Nina und ihr Pflegevater vom Rest der Familie gelobt werden, ist auch eine entspannte Unterhaltung wieder möglich.

Nina nimmt das Angebot an, erhält Zuwendung und Anerkennung durch ihr Tun.

Lassen Sie Ihr Kind selbst die Entscheidung treffen, das Beziehungsangebot anzunehmen.

- Nicht viel reden, sondern gemeinsam etwas tun!
- Lieber für geleisteten Einsatz loben als wieder negative Inhalte verstärken.

Wegweiser 19 – Lügen

Menschen mit FASD neigen dazu zu **lügen,** weil sie Schwierigkeiten haben, abstrakte Begrifflichkeiten zu verstehen, weil sie dazugehören wollen, weil sie realitätsfremde Vorstellungen haben oder Situationen missverstehen, weil sie ihre Impulse nicht kontrollieren und Konsequenzen nicht absehen können.

Siehe:

Die Basis allen Lernens:
- **Sensorische Integration**
- **Frustration**
- **Impulskontrolle**
- **Soziale Interaktion**

Das kann sich äußern in:
- Erfinden von Begebenheiten, Erlebnissen und Situationen, um Aufmerksamkeit zu bekommen
- Vertuschen von Taten
- Verstecken von gestohlenen Dingen
- Erfinden von Ausreden, weil man vorher die Konsequenzen nicht absehen konnte

Lösungsvorschläge

Prävention
- dem Kind Aufmerksamkeit schenken und Anteil an seinem Leben nehmen
- ein enger Bezug zu Ihrem Kind hilft auch hier
- nachfragen, aufmerksam zuhören
- das Umfeld darüber aufklären, wenn Ihr Kind Begebenheiten oder Ereignisse extrem verdreht oder Dinge dazu erfindet
- ein Tagebuch über spezielle Ereignisse führen, um später ggf. Dinge klarstellen zu können

Direkte Reaktion
- Ihr Gegenüber direkt auf Ungereimtheiten ansprechen
- das Kind/den Jugendlichen auffordern, die Geschichte noch einmal zu erzählen (um Abweichungen festzustellen)
- eigene Gefühle deutlich machen (wie geht es mir, wenn ich belogen werde)
- es nicht zu persönlich nehmen, wenn Sie belogen werden

Partizipation

- den Anlass der Lüge besprechen und deren Folgen klar machen
- eine Richtigstellung der Tatsachen fordern
- der Belogene sollte eine Entschuldigung erhalten

Beispiel → Lügen

Linn, 17 Jahre alt, steht gerne im Mittelpunkt, war aber in der Schule wegen ihrer Wutausbrüche wenig beliebt. Sie erzählte in der Klasse häufig Lügengeschichten, um sich zu profilieren.

So bekam die Mutter eines Tages einen Anruf des Lehrers, wann die Klasse das handaufgezogene Rehkitz besichtigen dürfe, von dem Linn in der Schule ausführlich berichtet hatte. Die Mutter musste dem Lehrer mitteilen, dass es ein solches Tier bei ihnen nie gegeben habe.

Linn kann sich nicht so annehmen, wie sie ist. Durch das Erfinden von Geschichten versucht sie, sich in ein besseres Licht zu stellen.

- Klären Sie das Umfeld darüber auf, wenn Ihr Kind Begebenheiten oder Ereignisse extrem verdreht oder Dinge dazu erfindet.
- Schenken Sie Ihrem Kind Aufmerksamkeit und nehmen Sie Anteil an seinem Leben.
- Ein enger Bezug zu Ihrem Kind hilft auch hier.
- Fordern Sie eine Richtigstellung der Tatsachen.
- Besprechen Sie den Anlass der Lüge und machen Sie deren Folgen klar.
- Machen Sie Ihre Gefühle deutlich.

Linn möchte nach der Schule eine Ausbildung zur Krankenpflegerin machen. Ihre Eltern sind strikt dagegen, da sie sich sicher sind, dass Linn der verantwortungsvollen und anstrengenden Tätigkeit nicht durchgehend gewachsen wäre.

Trotzdem bewirbt Linn sich und geht heimlich zu Vorstellungsgesprächen, in denen sie ausführlich von Praktika in Altenheimen erzählt. Auch von einem mehrmonatigen Auslandsaufenthalt berichtet sie dem Arbeitgeber sehr realistisch und überzeugend.

Durch Zufall erfahren Linns Eltern von ihren Bewerbungen und können diese beim Arbeitgeber zurückziehen.

Linn lebt in ihrer Traumwelt und um die Dinge zu erreichen, die sie will, wird sie sehr „kreativ".

Linn wird gebeten, in einem Schreiben ihre Berichte zu korrigieren und sich zu entschuldigen.

- Ihr Vater hilft ihr beim Aufsetzen des Briefes an den Arbeitgeber.
- Zusammen lassen sie sich über Berufsmöglichkeiten für Linn beraten, die ihrem Berufswunsch nahekommen.

Wegweiser 20 – Stehlen/Kriminalität

Siehe:

Die Basis allen Lernens:
- Impulskontrolle
- Soziale Interaktion

Die mangelnde Impulskontrolle, zusammen mit leichter Verführbarkeit und einem geringen Regel- und/oder Realitätsverständnis, eine Opfermentalität und die geringe Fähigkeit, abstrakte Begriffe wie „Mein" und „Dein" zu unterscheiden, verführen viele Menschen mit FASD zum **Stehlen** und lassen sie oft **in die Kriminalität abrutschen.**

Dies kann sich äußern in:
- Rückzug und/oder Änderung im Verhalten
- Lügen und „Herumdrucksen"
- Auffinden fremden Eigentums in den Sachen Ihres Kindes

Mögliche Folgen:
- Beschwerden von Eltern anderer Kinder über gestohlene Dinge, manchmal täglich
- Schulprobleme bis hin zum Schulverweis
- Verlust der Arbeits- oder Lehrstelle
- soziale Isolation
- Hausverbot in Supermärkten oder Kaufhäusern
- polizeiliches Auffälligwerden
- Gerichtsverhandlungen

Die oberste Prämisse aller Eltern wird es sein, jedem Kind/Jugendlichen die größtmögliche Selbstbestimmtheit und Freiheit zur Entfaltung seiner Persönlichkeit zu ermöglichen. Es ist eine tägliche Kunst, die Balance zwischen größtmöglicher Selbstständigkeit und der Gestaltung eines geschützten Lebensumfeldes für den Menschen mit FASD zu finden.

Lösungsvorschläge

Prävention

- wenige klare Regeln vereinbaren; diese oft wiederholen und wenn nötig, z. B. auf Bildern, festhalten; die Einhaltung der Regeln ist verpflichtend und sollte konsequent eingefordert werden
- ein Handy/Smartphone mit Trackingfunktion nutzen, um anzuzeigen, wo er/sie sich befindet
- im Handy einen „erlaubten" Bewegungsradius einstellen, bei dessen Verlassen Sie per SMS oder E-Mail benachrichtigt werden
- der/die Jugendliche soll sich zu festgelegten Zeiten regelmäßig zu Hause melden
- kleinere Kinder, die nur rund ums Haus unterwegs sind, können über ein Walkie-Talkie erreichbar sein
- Polizei, Anwälte und Richter sollten über die Behinderung genauso informiert werden wie das Umfeld des Menschen mit FASD
- in einigen Städten ist es möglich, Menschen mit besonderem Gefährdungspotenzial (für sich selbst oder andere) vorab bei der Polizei „registrieren" zu lassen

Direkte Reaktion

- einen „Notfallplan" zurechtlegen und mit allen Beteiligten (auch Vormund) besprechen; wenn beispielsweise die familiäre Situation so belastet ist, dass ein Familienmitglied die alltägliche Belastung nicht mehr aushält, weil die Konflikte und Probleme zu viel werden, den Menschen mit FASD vorübergehend in einer anderen Familie betreuen lassen
- Konsequenzen für das Erwischtwerden beim Stehlen müssen direkt, angemessen und nachvollziehbar sein
- gute, aussagekräftige Gutachten über die Behinderung schützen im Notfall vor strengen Verurteilungen oder Strafen
- Mitschüler, Eltern und Lehrer über die Behinderung aufklären, um Verständnis zu wecken und Inklusion in den Klassenverband zu begünstigen

Partizipation

- Gestohlenes muss zurückgegeben oder ersetzt werden, die Geschädigten erhalten eine Entschuldigung
- Situation nachbesprechen, alternative Verhaltensweisen aufzeigen und Lösungswege anbieten

Beispiel → Stehlen/Kriminalität	
Pierre ist gerade 15 geworden, er besucht eine inklusive Gesamtschule. Seine Mitschüler/-innen akzeptieren ihn nur schwer, da er immer wieder zu verbalen und physischen Gewaltausbrüchen neigt.	Pierre nimmt seine soziale Situation anders wahr. Die Späße, die die Mitschüler auf seine Kosten über ihn machen, versteht er oft nicht. Er hat das Gefühl, viele Freunde zu haben, obwohl ihn zu Hause nie jemand besucht oder anruft. Konflikte gehören für Pierre von jeher zu seinem Alltag. Er kann schnell zwischen einzelnen Stimmungen und Launen umschalten. Pierre ist nicht nachtragend, obwohl er besondere Ereignisse nicht vergisst. Es ist wichtig, das Umfeld über seine Behinderung zu informieren, um Verständnis zu wecken.
Pierre wird oft von Gleichaltrigen ausgenutzt oder vorgeschickt und ausgetrickst. Das bemerkt er erst, wenn er Probleme bekommt.	Pierre ist von seiner Lehrerin wiederholt beim Stehlen erwischt worden. Eine Gruppe von „Freunden" hat ihn angestiftet und findet es witzig, wie „doof" Pierre sich dabei anstellt. Mehrere Eltern von Mitschülern setzen die Lehrerin unter Druck, indem sie sie drängen, härtere Konsequenzen zu ziehen. Pierres Pflegeeltern haben ihm (schon seit er klein ist) immer wieder genau die Begriffe „Besitz" und „Eigentum" erklärt. Sie wissen, dass Pierre Schwierigkeiten hat, abstrakte Dinge zu begreifen. ▪ Außerdem wissen sie, dass er leicht beeinflussbar ist.

- Die Pflegeeltern haben mit Pierre einen Handlungsplan für den Fall eingeübt, dass er bemerkt, dass jemand ihn ausnutzen möchte („Wenn dein Bauch/Gefühl dir NEIN sagt, dann bleib dabei!", „Wenn Henry dich das nächste Mal schickt, um etwas im Supermarkt mitgehen zu lassen, dann tust/sagst du Folgendes: ...!").
- Ein Rollenspiel oder Handpuppen können beim Einüben helfen.

Pierre möchte dazugehören und anderen gefallen. Er sieht bei seinen Mitschülern Dinge, die er auch gerne haben möchte. Sofort! Manchmal nimmt er deshalb Geld aus dem Portemonnaie seiner Eltern.

Pierre ist schon öfter beim Stehlen in verschiedenen Geschäften erwischt worden!

Pierres Pflegeeltern haben mit ihm eine Strategie besprochen, wie er sich konkret verhalten soll, wenn er unbedingt etwas haben oder besitzen möchte („Du bekommst Taschengeld, wenn du es sparst, kannst du dir das Magazin kaufen!", „Bald ist Weihnachten, dann kannst du dir eine neue Uhr wünschen!").

- Sie wissen, dass Pierre seine Impulse nur schwer kontrollieren kann.
- Abgrenzung ihrerseits und feste Regeln sind wichtig („Ich dulde es nicht, dass du einfach an meine Sachen gehst! Ich erwarte, dass du mich vorher fragst!").
- Konsequenzen für das Erwischtwerden beim Stehlen müssen direkt, angemessen und nachvollziehbar sein.

- Gute, aussagekräftige Gutachten über die Behinderung schützen im Notfall vor strengen Verurteilungen oder Strafen.

In mehreren Geschäften hat Pierre Hausverbot. Wenn er draußen auf der Straße seine „Freunde" trifft, entstehen häufig verschiedenste Konflikte. Manchmal geht er zu einem Jungen mit nach Hause, wo sie dann gemeinsam spannende Filme mit viel Action und Gewalt sehen, die er zu Hause noch nicht sehen darf. Dort gehen sie auch ins Internet und besuchen Pornoseiten oder finden es lustig, in Chats fremde Leute zu beleidigen.

Pierre versucht sich Freiräume zu schaffen, die ihm und seiner Entwicklung nicht guttun.

- Pierre muss sich im Moment stündlich persönlich zu Hause an der Türe melden und mitteilen, wo er mit wem was macht.
- Seine Pflegeeltern wissen, dass Pierre trotz seines Alters weiterhin enge Betreuung und Begleitung braucht. Die Folgen seines Handelns kann ihr Pflegesohn nur eingeschränkt bedenken. Sie wissen, dass er seine „Probleme" nicht wissentlich und aus bösem Antrieb heraus verursacht.

Und was ist mit mir?

- Bei allen Schwierigkeiten und Problemen ist es nötig, den liebevollen Blick nicht zu verlieren, **achtsam mit sich und anderen umzugehen** und sich selbst manchmal zurückzunehmen. Wir sind alle „nur" Menschen.
- Haben Sie den Mut, authentisch zu sein, **Gefühle auszusprechen und Ihre Grenzen offen zu zeigen.** Versuchen Sie im angemessenen Ausleben von Gefühlen und im Umgang mit sich und anderen Vorbild zu sein. Trauen Sie sich, die ganze Gefühlspalette auszuleben.
- Die Freude am Leben ist ein kostbares Gut, das uns nicht verloren gehen sollte. Vergessen Sie nie zu lachen! Ein humorvoller Blick auf die Dinge ist Gold wert.
- Nehmen Sie sich die Freiheit, kurze Pausen in Ihrem stressigen Alltag sinnvoll für sich als Ruheinseln zu nutzen. In diesen Zeiten sollten Sie Ihre Regeneration im Blick haben und Alltagstätigkeiten kurzzeitig ignorieren lernen.
- Sie können Stresshormone, die in schwierigen Situationen vom Körper gebildet werden, durch Antistressoren abbauen und neutralisieren. Antistressoren sind Dinge und Tätigkeiten, die Sie entspannen und Ihnen Freude machen. Das kann z. B. ein Hobby sein, das Ihnen Spaß macht, wie z. B. Singen, Tanzen, Musizieren, Lesen, Basteln, Handarbeiten, Gärtnern, Malen, Nähen oder Freunde treffen. Bewegung und Sport können ausgleichend wirken. In der Partnerschaft sind Körperkontakt, Intimität oder Sex bereichernd. Ein gemütlicher Abend vor dem Kamin oder auf der Terrasse kann Ihnen neue Kraft geben, dies gilt aber auch für Entspannungstechniken, Yoga und Meditation.
- Pflegen Sie Ihre Partnerschaft und nehmen Sie sich ein wenig Zeit für sich.

Entlastung

In der Beratung von betroffenen Familien erleben wir, wie diese täglich mit enormem Engagement und viel Herzblut ihre Aufgabe meistern. Hierbei leisten Sie als Familie einen wertvollen Beitrag für unsere Gesellschaft. Kinder ohne Perspektive und mit schlechten Prognosen, deren Unterbringung in Facheinrichtungen extrem teuer wäre, bekommen durch Sie die Chance in einem familienanalogen, liebevollen Umfeld aufzuwachsen. Das spart der Gesellschaft Geld, Kapazitäten und bewahrt sie vor Folgekosten. Trotzdem begegnet uns eine gewisse Scheu oder Scham seitens der Familien, Entlastung, Unterstützung und Hilfe anzunehmen. Dabei können Sie sich sicher sein, dass die Zuständigen bei Behörden und Ämtern, die Unterbringung des Menschen mit FASD in den Familien als kostengünstigste und bestmögliche Variante der Versorgung des Kindes sehen, auch, wenn sie es häufig anders kommunizieren. Wir möchten Ihnen deshalb wärmstens ans Herz legen, jede mögliche Hilfe, Unterstützung und Entlastung einzufordern und anzunehmen!

- Suchen Sie sich Unterstützung und holen Sie sich Hilfe, **um sich selbst und das Familiensystem zu entlasten.** Delegieren Sie Aufgaben und überprüfen Sie, was wirklich getan werden muss und was warten kann. Haushalten Sie achtsam mit Ihren Kapazitäten. Sie haben täglich einen anspruchsvollen, belastenden „Job“ zu tun. Sie brauchen jede Unterstützung, um mit Ihrer besonderen Familiensituation umzugehen. Warten Sie nicht, bis gar nichts mehr geht!
- Führen Sie **Entlastungswochenenden** (ggf. als Maßnahme der Jugendhilfe möglich) ein, an denen Ihr Familienmitglied mit FASD regelmäßig auswärts schläft, und/oder machen Sie Ferien allein als Paar (ggf. Verhinderungs- oder Kurzzeitpflege über die Pflegekasse beantragen).
- **Familienentlastende Dienste** bieten studentische Kräfte an, die einige Stunden pro Woche Ihren „Job“ übernehmen (z. T. abrechenbar über die Pflegekasse). Oder engagieren Sie einen fähigen Babysitter.
- Installieren Sie eine **Schulbegleitung** oder einen **Integrationshelfer** für den Kindergartenbesuch, falls dies notwendig ist und den Alltag erleichtert.
- **Finanzielle Förderung und Unterstützung in Anspruch zu nehmen,** erleichtert das Leben ungemein (erkundigen Sie sich bei der Pflegekasse, lassen Sie sich beraten, welche Gelder Ihnen zustehen oder welche Sie beantragen können). Verwandte und Bekannte helfen oft gerne.
- **Informieren Sie sich gut über die Behinderung FASD** und reden Sie offen mit Ihrem Umfeld darüber. So fördern Sie die Sensibilisierung für FASD und eine Aufklärung über diese Erkrankung. Das hilft dabei, Aufmerksamkeit für das Tabuthema „Alkoholkonsum in der Schwangerschaft“ zu erzeugen. Außerdem wirkt Reden oftmals befreiend.

Es gibt unendlich viele Möglichkeiten, Stress abzubauen und ein erfülltes Leben zu leben. Seien Sie kreativ und spüren Sie selbst, was Ihnen guttut.

Ein Plädoyer für Selbsthilfegruppen

- Suchen Sie sich Verbündete, besuchen Sie eine Selbsthilfegruppe, gründen Sie einen Arbeitskreis, kurz: Treffen Sie andere betroffene Familien!
- Uns hat es immer geholfen, zu lesen oder – besser – persönlich von Menschen, die in einer ähnlichen Situation sind wie wir, zu hören, was auf uns zukommen kann und welche problematischen Verhaltensweisen oft einfach bei von FASD Betroffenen „normal" sind.
- Ebenso erleben wir den Austausch darüber, wie andere Familien mit schwierigen Situationen umgehen oder auf ungewöhnliche Verhaltensweisen ihrer Kinder reagieren, als sehr wertvoll.
- Das Gefühl, als Familie nicht allein oder „unnormal" zu sein, und zu sehen, dass auch andere ähnliche Hürden zu überwinden haben, macht Mut und schafft ein Gefühl der Gemeinschaft und Entlastung.

Fachliche Unterstützung und Beratung

Die **Anbindung an einen (Fach-)Arzt,** dem Sie vertrauen und der sich mit dem Krankheitsbild auskennt, erleichtert den Umgang mit Schwierigkeiten im besten Fall. Eine gute Einstellung auf bewährte Medikamente kann das Leben von Menschen mit FASD und ihrer Umgebung sehr erleichtern und somit das Zusammenleben deutlich entspannen, da ein gut eingestelltes Medikament (auch Kombinationen) extreme Ausbrüche dämpfen, strukturieren sowie den Tag- und Nachtrhythmus regulieren und beruhigen kann.

Sozialrechtliche Unterstützung und Beratung

Sozialrechtliche Unterstützung und Beratung ist wichtig und erleichtert das Leben mit FASD sehr.

- Die **Einstufung in einen Pflegegrad** schafft finanzielle Entlastung und ein Stück Anerkennung Ihrer Leistung. Den Pflegegrad können Sie bei der Krankenkasse Ihres Kindes beantragen. Die meisten Menschen erhalten mindestens den sogenannten Pflegegrad II, aber je nach Pflegeaufwand auch höhere Pflegegrade.

- Das **Pflegegeld,** das Sie dann monatlich erhalten, liegt mit Pflegegrad 2 bei 316 Euro (ab 01.07.2021: 332 Euro) und mit Pflegegrad 4 bei 728 Euro (ab 01.07.2021: 764 Euro) (Stand Januar 2021). Dazu haben Sie Anspruch auf Verhinderungspflege, d. h., Sie können Menschen, die für Sie bei der Betreuung Ihres Kindes einspringen, bezahlen und erhalten das Geld von der Pflegekasse zurück. Für die **Verhinderungspflege** stehen Ihnen im Jahr bis zu 2.400 Euro zur Verfügung. Auch teure Ferienunterbringungen können dadurch finanziert werden. Ebenfalls stehen Ihnen zusätzliche **Betreuungs- und Entlastungsleistungen** in Höhe von 125 Euro pro Monat zur Verfügung, die allerdings an zertifizierte Träger wie Pflegedienste, Lebenshilfe usw. gebunden sind. Damit kann man z. B. den Familienunterstützenden Dienst finanzieren (Stand Januar 2017).
- Die Pflegekasse steht für regelmäßige **Beratungstermine** zur Verfügung. Es gibt aber zusätzlich über freie Träger, wie z. B. *Wir für Pänz e. V., FASD-Deutschland* oder das *Erziehungsbüro Rheinland,* die Möglichkeit der Beratung.
- **Kurzzeitpflege** kann über dafür qualifizierte Einrichtungen jährlich in Anspruch genommen werden.
- Individuell können Anträge, meist über **Eingliederungshilfe, § 35a,** beim zuständigen Jugendamt gestellt werden, um einzelne Kosten für bestimmte Förder- oder Entlastungsangebote abzurechnen.
- Es empfiehlt sich, beim Versorgungsamt einen **Schwerbehindertenausweis** für Ihr Kind zu beantragen. Menschen mit FASD steht meist ein **Schwerbehindertengrad von 60–80** zu, **außerdem die Merkzeichen G, B und H.** Dadurch erhält der Mensch mit FASD einen „Schwerbehindertenstatus", der ihm, wie ein Schutzraum, bestimmte Rechte sichert. Mit einem Schwerbehindertengrad von mindestens 50 steht ihm der **Bereich der Reha-Beratung beim Arbeitsamt** zu, also ein Schutzraum bei der Eingliederung in den Arbeitsmarkt. Weiterhin haben Sie auch Anrecht auf steuerliche Vergünstigungen, die rückwirkend ab Einzug bzw. Geburt des Kindes beim zuständigen Finanzamt geltend gemacht werden können.

Gelebter Blickwechsel und geänderte Haltung

Die folgenden positiven Eigenschaften von Menschen mit FASD wurden von Pflege- und Adoptiveltern während eines Elternseminars des Bundesverbandes der Lebenshilfe in Marburg im April 2018 gesammelt und aufgeschrieben:

hilfsbereit, charmant, direkt, liebenswert, lustig, offen, lieb, tierlieb, empathisch, schüttet Sonne aus, sportlich, fröhlich, hübsch, altklug-witzig, neugierig, motiviert, kreativ, kann sich gut beschäftigen, belebend, lebenslustig, hat einen Blick für Details, süß, freundlich, gut im Umgang mit Jüngeren, phantasievoll, musisch begabt, fürsorglich, aufgeschlossen, schauspielerisch talentiert, bereichernd, mitreißend, voller Ideen, vermittelnd, kann Kontakte halten, „Phrasenschwein", liebesfähig, spürt das Gute, pflichtbewusst, intelligent, humorvoll, feinsinnig, experimentierfreudig, verhaltensoriginell, nicht nachtragend, kann kochen, aktiv ...

Literatur

Ayres, Anna Jean; Robbins, Jeff: Bausteine der kindlichen Entwicklung. Die Bedeutung der Integration der Sinne für die Entwicklung des Kindes, Berlin: Springer, 1998

Becker, Gela; Hennicke, Klaus; Klein, Michael (Hrsg.): Suchtgefährdete Erwachsene mit Fetalen Alkoholspektrumstörungen, Berlin: De Gruyter, 2015

Behinderungsbegriff der UN-BRK im BGG, Gesetz zur Gleichstellung von Menschen mit Behinderung, § 3 „Menschen mit Behinderung" (Behinderungsbegriff der UN-BRK)

Huber, August: Bindungsentwicklung aus der Sicht pädagogischer Alltagspraxis in der Pflege-/Adoptivfamilie, Thesenpapier, Vortrag Würzburg, 2016

Juul, Jesper; Høeg, Peter: Mitelnander: Wie Empathie Kinder stark macht, Weinheim/Basel: Beltz Verlag, 2017

Kanfer, Frederick H.; Reinecker, Hans; Schmelzer, Dieter: Selbstmanagement-Therapie. Ein Lehrbuch für die klinische Praxis, 5. Auflage, Springer: Berlin, 2012

Kast, Verena: Trauern: Phasen und Chancen des psychischen Prozesses, 3. Auflage, Stuttgart: Kreuz Verlag, 2013

Kiehne, Sibylle: Coaching, Kinesiologie, Potsdam/Berlin. http://kiehne-coaching.de/stress-im-business-coaching [13.05.15]

Mietzel, Gerd: Wege in die Psychologie, Stuttgart: Klett-Cotta, 1998

Moor, Paul: Heilpädagogik. Ein pädagogisches Lehrbuch, Bern: Hans Huber, 1969

Müller, Sandra Verena: Störungen der Exekutivfunktionen, Idstein: Schulz-Kirchner, 2009

Peters, Uwe Henrik: Lexikon Psychiatrie, Psychotherapie, Medizinische Psychologie, 7. Auflage, Urban & Fischer, 2016

Rosenzweig, Saul: Picture-Frustrationstests, 1938

Scheuch, Klaus; Schröder, Harry: Mensch unter Belastung. Stress als ein humanwissenschaftliches Integrationskonzept, Berlin: Deutscher Verlag der Wissenschaften, 1990

Spohr, Hans-Ludwig: Das Fetale Alkoholsyndrom, Berlin: Verlag Walter De Gruyter, 2014

Wirtz, Markus Antonius (Hrsg.): Dorsch – Lexikon der Psychologie, 18. Auflage, Hogrefe Verlag, 2016

www.fasstar.com, Theresa Kellermann, 2000–2003

Literaturtipps

Thomsen, Annika; Michalowski, Gisela; Landeck, Gerhild; Lepke, Katrin: FASD – Fetale Alkoholspektrumstörungen – Auf was ist im Umgang mit Menschen mit FASD zu achten? Ein Ratgeber, Idstein: Schulz-Kirchner-Verlag, [3]2018

Bohlmann, Sabine: Ein Löffelchen voll Zucker … und was bitter ist, wird süß!, Egmont: VGS, 2004

Neier, Ralf: ‚FASzinierenDe Zeiten', 2018, ein Tagebuch für die faszinierenden Zeiten in unserem Leben – nicht nur für Menschen mit FASD. Mehr Informationen und zu bestellen unter: FASzinierenD@email.de

Bücher aus dem ROFTaSNS Verlag (www.roftasns.de), Dresden

Roth, Sandra: Lotta Wundertüte, Köln: Kiepenheuer & Witsch, 2015

Wagner, Grit: Ich, das Kind aus der Schnapsflasche, Hitzacker: Cogitare Verlag, 2012

Weiterführende Internetadressen

www.ergostein.de
www.erziehungsbuero.de (Selbsthilfe/Arbeitskreis FASD Köln)
www.fasd-deutschland.de
www.fasd-fz-koeln.de
www.martemeo.com
www.martemeo.de
www.moses-online.de
www.wir-fuer-paenz.de (Familienentlastender Dienst)

Für den Inhalt der Seiten sind ausschließlich deren Betreiber verantwortlich.